A DÁDIVA DO AMOR

1ª reimpressão

A DÁDIVA DO AMOR

Martin Luther King Jr.

Tradução
Claudio Carina

Copyright © Martin Luther King Jr., 2012
Copyright © Editora Planeta do Brasil, 2020
Copyright © Claudio Carina, 2020
Título original: *A Gift of Love*
Todos os direitos reservados.

Preparação: Erika Nakahata
Revisão: Vivian Miwa Matsushita e Laura Vecchioli
Diagramação e capa: Departamento de criação da Editora Planeta do Brasil
Imagem de capa: Alpha Histórica/Alamy/ Fotoarena

Dados Internacionais de Catalogação na Publicação (CIP)
Angélica Ilacqua CRB-8/7057

King, Martin Luther, 1929-1968
  A dádiva do amor / Martin Luther King Jr.; tradução de Claudio Carina. -- São Paulo: Planeta, 2020.
  240 p.

ISBN 978-65-5535-177-4

1. Martin Luther King Jr. - Sermões 2. Batistas - sermões I. Título II. Carina, Claudio

20-4165	CDD 252.061

Índices para catálogo sistemático:
1. Sermões

Ao escolher este livro, você está apoiando o manejo responsável das florestas do mundo

2022
Todos os direitos desta edição reservados à
EDITORA PLANETA DO BRASIL LTDA.
Rua Bela Cintra, 986 – 4º andar – Consolação
01415-002 – São Paulo-SP
www.planetadelivros.com.br
faleconosco@editoraplaneta.com.br

PARA MINHA MÃE E MEU PAI,
*cujo profundo comprometimento com a fé cristã e
inabalável devoção aos seus eternos princípios me deram
um exemplo inspirador da Força para Amar*

SUMÁRIO

Introdução 9
Reverendo dr. Raphael Gamaliel Warnock

Introdução da edição de 1981 15
Coretta Scott King

Nota sobre o texto 21

Prefácio 23
Martin Luther King Jr.

UM 27
Uma mente rigorosa e um coração sensível

DOIS 37
Um não conformista transformado

TRÊS 49
Sobre ser bom com o próximo

QUATRO 62
Amor em ação

CINCO 75
Amar seus inimigos

SEIS 87
Uma batida na porta à meia-noite

SETE 101
O homem que era um tolo

OITO 113
A morte do mal na praia

NOVE 127
Sonhos despedaçados

DEZ 141
Nosso Deus é capaz

ONZE 153
Antídotos para o medo

DOZE 169
A resposta a uma pergunta desconcertante

TREZE 182
Carta de Paulo aos cristãos americanos

CATORZE 193
Peregrinação à não violência

QUINZE 205
O instinto maior do tambor

DEZESSEIS 220
As três dimensões de uma vida completa

Fontes 236

INTRODUÇÃO

Ninguém na história americana abordou de modo mais eloquente ou promoveu de maneira mais efetiva os ideais de liberdade, justiça e igualdade que o reverendo dr. Martin Luther King Jr. Com sua voz, ele desacreditou a doutrina falaciosa da supremacia branca e, com seu ativismo, mudou os Estados Unidos, libertando filhos e filhas de "ex-escravizados" e de "ex-escravagistas" e apresentando-os à possibilidade do que chamou de "comunidade amada". O dr. King legou a todos nós uma dádiva de amor.

Seu impacto decisivo nas leis, no discurso público e na cultura torna-se ainda mais impressionante quando se leva em conta que ele era um cidadão comum, que nunca concorreu a um cargo público e jamais teve qualquer cargo oficial no governo. No entanto, por ter deixado um legado e uma influência de mais peso que os da maioria dos presidentes dos Estados Unidos, Luther King é acertadamente considerado um patriarca moderno do país, e seu memorial, com toda a justiça, situa-se no National Mall, em Washington. Aclamado durante a vida como um líder dos direitos civis e homenageado depois da morte com um memorial digno de um presidente, não se deve esquecer que Luther King era, em essência, um pregador. Aliás, sua identidade como pregador e profeta foi vital para seu processo de autoconhecimento e sua missão.

O próprio King disse isso quando declarou: "[Nos] recessos silenciosos do meu coração, sou fundamentalmente um clérigo, um pregador batista. Essa é minha natureza e minha herança, pois também sou filho de um pregador batista, neto de um pregador batista e bisneto de um pregador batista". Em suas observações iniciais, antes da pregação "O homem que era um tolo", proferida em uma igreja de Chicago em 1967, King esclarece sua vocação da seguinte maneira:

> *Não vim até Mount Pisgah[1] para fazer uma palestra sobre direitos civis; já faço muito disso normalmente [...]. Mas, antes de ser um líder dos direitos civis, fui um pregador do evangelho. Essa foi minha primeira vocação e continua sendo meu maior compromisso. Na verdade, tudo o que faço em direitos civis é o que considero ser parte do meu ministério. Não tenho outras ambições na vida senão alcançar a excelência no ministério cristão. Não tenho planos de concorrer a nenhum cargo político. Não pretendo fazer nada além de continuar sendo um pregador.*

Portanto, este volume de sermões, que só não inclui um dos que compõem *Strength to Love* [Força para amar], é importante porque aqui encontramos o pregador Martin Luther King. E também porque aqui encontramos o pastor Martin Luther King. Todos esses sermões foram proferidos na Igreja Batista da Dexter Avenue ou na Igreja Batista Ebenezer, congregações onde ele de fato atuou, respectivamente como pastor e copastor, enquanto ao mesmo tempo se projetava como pregador, profeta e pastor para todo um país que precisava mudar.

---

[1] Igreja Missionária Batista Mount Pisgah (em Raeford, Carolina do Norte), onde King estava pregando. (N. E.)

Por essa razão, o ativismo na defesa dos direitos civis estava enraizado em sua vocação ministerial, e ambos emergiram da igreja negra — a igreja que teve de se firmar como a consciência reparadora das igrejas americanas em relação ao racismo, o pecado original dos Estados Unidos. Assim, quando Martin Luther King Jr., o grande pregador dos Estados Unidos, falou do púlpito da Dexter Avenue durante os dias de boicote aos ônibus em Montgomery, e depois ao lado do pai na Igreja Batista Ebenezer, ele estava se mantendo fiel à trajetória histórica da cristandade profética afro-americana. Com sua extraordinária experiência e formação acadêmica, King transformou esse movimento em uma expressão global que, em seu auge, se tornou uma manifestação multirracial e ecumênica, conseguindo a adesão tanto de adeptos de diversas tradições religiosas como de incrédulos igualmente em uma magnífica busca pela dignidade humana. Quando aderiu ao movimento, o rabino Abraham Joshua Heschel, lendário clérigo judeu e amigo do dr. King, disse que sentia que seus pés estavam rezando! Esse profundo desejo de liberdade, sentido com tanta força nos pés de Heschel e ouvido com tanta clareza na voz do dr. King, manifestava-se, durante a escravidão, nos sermões e hinos sagrados que viam a narrativa dos escravizados negros pela lente da narrativa dos escravizados hebreus fugindo do Egito. Esse anseio pela liberdade foi institucionalizado pelo movimento independente da igreja negra dos séculos XVIII e XIX e incorporado aos ministérios dos antepassados de King, aos quais ele se refere na declaração autobiográfica citada.

Seu bisavô materno, Willis Williams, foi um pregador durante a escravidão, e pode ter desempenhado um papel relevante na instituição de uma igreja negra local independente. Seu avô, A. D. Williams, o segundo pastor da Igreja Batista Ebenezer, foi um pregador ativista que ajudou a criar a filial da Associação Nacional para o Progresso de Pessoas de Cor (NAACP, na sigla em inglês) em Atlanta e, como seu presidente, liderou a luta para estabelecer a primeira escola secundária da cidade para crianças afro-americanas. Martin Luther King Jr. e seus irmãos estudaram na escola Booker T. Washington, que só existia por causa do ministério ativista de seu avô. Ademais, poucas pessoas sabem que Martin Luther King, pai de King Jr. e terceiro pastor da Ebenezer, comandou uma campanha pelo direito ao voto em Atlanta em 1935, trinta anos antes do filho e outros criarem as condições necessárias para a aprovação da Lei do Direito ao Voto. Além disso, "Papai King", como era carinhosamente chamado, já lutava pela equiparação salarial dos professores décadas antes de seu filho e outros liderarem uma guerra não violenta contra a segregação em si.

A tradição ativista de uma igreja que nasceu lutando pela liberdade, filosoficamente fundamentada em outras fontes que ele cita em sua "Peregrinação à não violência", incluindo o evangelho social de Walter Rauschenbush, ajuda a explicar por que, para King, a pregação e o ativismo estavam associados de maneira inextricável. De fato, em seu trabalho, as duas coisas estão tão interligadas que é difícil perceber onde começa uma e onde termina a outra. Ambas alimentam e informam uma à outra. Portanto, no cerne dos sermões aqui publicados, está uma visão do evangelho que rejeita qualquer espiritualidade truncada ou interiorizada que busca salvar as almas enquanto ignora os corpos ou se concentra estritamente em questões de moralidade privada, deixando de lado as implicações morais da nossa política pública. Em "Amor em ação", ele lamenta que:

> *Uma das grandes tragédias da vida é que raras vezes os homens transpõem o abismo entre o que praticam e o que professam, entre fazer e dizer. Uma esquizofrenia persistente que deixa muitos de nós tragicamente divididos contra nós mesmos [...]. Quantas vezes nossas vidas são caracterizadas por uma alta pressão sanguínea de credos e uma anemia de atitudes! Falamos com eloquência sobre nosso compromisso com os princípios do cristianismo, mas nossas vidas estão saturadas de práticas do paganismo. Proclamamos nossa devoção à democracia, mas*

lamentavelmente praticamos o oposto do credo democrático. Discursamos em tom apaixonado sobre a paz, mas ao mesmo tempo nos preparamos para a guerra com toda a dedicação. Fazemos fervorosas promessas de trilhar o caminho elevado da justiça, e depois seguimos sem hesitar o reles caminho da injustiça. Essa estranha dicotomia, esse angustiante abismo entre o que deveria ser e o que é, representa o tema trágico da peregrinação do homem na Terra.

Em termos positivos, o dr. King prescreveu o que evocou em outro sermão publicado aqui, "As três dimensões de uma vida completa". Nele está o apelo de um gênio espiritual e ponderado sentinela que insiste para que oremos com nossos lábios e nossos pés, e trabalhemos com nossa cabeça, nosso coração e nossas mãos pela comunidade amada, lutando com fé contra a corrente do que muitas vezes ele chamava de "os males triplos do racismo, do materialismo e do militarismo". Em um mundo cindido e em meio a pronunciamentos políticos e religiosos em nosso discurso público que dividem erroneamente o indivíduo, nós ainda precisamos dessa mensagem. O escândalo do complexo industrial penitenciário dos Estados Unidos — que é desproporcionalmente negro, pardo e pobre e continua crescendo a despeito das taxas de criminalidade reais —, o abismo entre ricos e pobres e a manutenção política de um pesado e dispendioso complexo industrial-militar dos tempos da Guerra Fria, décadas após a morte do dr. King e o próprio fim da Guerra Fria, tudo isso indica que estamos atolados em uma prolongada crise espiritual, a qual exige que sejamos vigilantes na luta contra os males triplos que o pregador identificou tanto tempo atrás. Precisamos de amor em ação. A dádiva de amor do reverendo dr. Martin Luther King Jr., encarnada em palavras e ações, aponta o caminho.

REVERENDO DR. RAPHAEL GAMALIEL WARNOCK,
pastor sênior da Igreja Batista Ebenezer, fevereiro de 2012

INTRODUÇÃO DA EDIÇÃO DE 1981

Se existe um livro escrito por Martin Luther King Jr. que as pessoas sempre me dizem que mudou suas vidas, é *Strength to Love*. Acredito que por ser a obra que melhor explica o elemento central da filosofia de não violência de Martin Luther King Jr.: sua crença em uma presença divina e amorosa que permeia toda a vida. Essa convicção era a força por trás de todos os esforços de meu marido para eliminar o mal social, era ao que ele se referia quando pregava "a estrutura inter-relacionada da realidade" em seu sermão "O homem que era um tolo":

> *Todos os homens estão presos em uma rede inescapável de mutualidade, entrelaçados no tecido único do destino. Qualquer coisa que afete alguém diretamente afeta a todos indiretamente. Nunca poderei ser o que eu deveria ser enquanto você não for o que deveria ser, e você nunca poderá ser o que deveria ser até que eu seja o que deveria ser.*

A convicção teológica de Martin Luther King Jr. na interdependência de toda a vida levou inevitavelmente a métodos de mudança social que dignificaram a humanidade do defensor da mudança social, assim como a de seu adversário. "Cristo nos deu as metas", dizia com frequência, "e Mahatma Gandhi nos forneceu as táticas."

Foi em seu primeiro cargo como ministro da Igreja Batista da Dexter Avenue, em Montgomery, Alabama, que Martin Luther King Jr. começou a combinar ativamente teologia e mudança social. Quando o agora lendário boicote não violento de 381 dias aos ônibus teve início, em 1955, Martin foi escolhido como chefe de sua rede organizadora, a Associação para o Progresso de Montgomery. Mesmo assim, a visão de Martin transcendeu o momento e o lugar. Ele não só articulou para nós o objetivo imediato do boicote — a dessegregação dos ônibus urbanos — como também, mais importante, nos mostrou seu objetivo final de curar e regenerar toda uma população:

> *O conflito básico não é de fato quanto aos ônibus. Mas acreditamos que, se o método que usarmos para lidar com a igualdade nos ônibus puder eliminar a injustiça dentro de nós mesmos, estaremos simultaneamente atacando a base da injustiça — a hostilidade do homem com o homem. Isso só poderá ser feito quando desafiarmos a comunidade branca a reexaminar suas suposições, como agora estamos preparados para reexaminar as nossas.*

Não cooperação e resistência não violenta eram meios de avivar e despertar verdades morais nos oponentes, de evocar a humanidade que, defendia Martin, existia em cada um de nós. Os meios, portanto, tinham de ser coerentes com os fins. E o fim, na concepção de Martin, era maior que qualquer de suas partes, maior do que qualquer questão individual. "O fim é redenção e reconciliação", acreditava. "O resultado da não violência é a criação da Comunidade Amada, enquanto o resultado da violência é uma trágica amargura."

Mesmo os males mais intratáveis do mundo — os males triplos da pobreza, do racismo e da guerra que Martin confrontou com tanta eloquência em seu discurso no Nobel — só podem ser eliminados por meios não violentos. E a fonte para a erradicação até mesmo desses males arraigados em termos mais econômicos, políticos e sociais é o imperativo moral do amor. Em seu discurso de 1967 ao grupo antibelicista Clergy and Laity Concerned (Clérigos e Leigos Preocupados [com o Vietnã]), Martin disse:

> *Quando falo de amor, não estou falando de uma resposta fraca e sentimental. Estou falando dessa força que todas as grandes religiões consideram o princípio unificador supremo da vida. De alguma forma, o amor é a chave para abrir a porta que leva à realidade essencial. Essa crença hindu-muçulmana-cristã-judaica-budista na realidade essencial é lindamente resumida na primeira epístola de São João: "Amemo-nos uns aos outros; porque o amor é de Deus; e qualquer que ama é nascido de Deus e conhece a Deus".*[2]

Se o amor é o eterno princípio religioso, Martin Luther King Jr. acreditava que a não violência é sua contraparte externa no mundo físico. Ele escreveu:

> *No centro da não violência está o princípio do amor. O partidário da resistência não violenta argumentaria que, na luta pela dignidade humana, as pessoas oprimidas do mundo não devem sucumbir à tentação de se tornar amargas ou se entregar a campanhas de ódio. Pagar com a mesma moeda não faria nada além de intensificar a*

---

2 João 4:7. (N. T.)

existência do ódio no universo. Ao longo do caminho da vida, é preciso ter sabedoria e moralidade suficientes para interromper a cadeia de ódio. Isso só pode ser feito ao projetarmos a ética do amor no centro de nossas vidas.

Assim como buscou a integração do eterno e do temporal, Martin Luther King Jr. procurou a integração do espiritual e do intelectual. No sermão "Amor em ação", pregou que "um dia aprenderemos que o coração nunca poderá estar totalmente certo se a cabeça estiver totalmente errada. Só com a união da cabeça e do coração — inteligência e bondade — o homem se elevará para realizar sua verdadeira natureza". Para alcançar essa realização, acreditava Martin, era necessária não só a integração do eterno e do temporal, ou do espiritual e do intelectual, mas também, de maneira ainda mais profunda, a integração do visionário e do prático.

Se Martin Luther King Jr. era um apóstolo do amor, também não deixava de ser um apóstolo da ação. "A feroz urgência do agora" era seu ímpeto cardinal para a mudança social. Seus amigos e colegas de trabalho no movimento dos direitos civis ainda brincam sobre a aparente impaciência de Martin diante de longas discussões que lhes tomavam a noite inteira, o que podia atrasar a própria ação. Martin ironizava "a paralisia da análise". Porém, no fundo, estava falando muito sério. Em *The Trumpet of Conscience* [A trombeta da consciência], ele escreveu:

> *Em um mundo que enfrenta a revolta de massas andrajosas e famintas dos filhos de Deus; em um mundo dividido entre as tensões do Oriente e do Ocidente, entre brancos e de cor, individualistas e coletivistas; em um mundo cujo poder cultural e espiritual está tão aquém de suas capacidades tecnológicas que vivemos todos os dias à beira da*

aniquilação nuclear mútua; neste mundo, a não violência não é mais uma opção para análise intelectual, é um imperativo para a ação.

E assim fechamos o ciclo. A luta para eliminar os males do mundo — males tão flagrantes e evidentes que nos olham de todas as ruas do gueto e casebres rurais — só pode ocorrer por meio de uma profunda luta interna. Olhando para dentro e para além de nós mesmos e explorando a ética moral transcendente do amor, nós venceremos esses males. O amor, a verdade e a coragem de fazer o que é certo devem ser nossos guias nesta jornada ao longo da vida. Martin Luther King Jr. nos mostrou o caminho; ele nos mostrou o Sonho — e nós respondemos com o coração pleno. Martin era um otimista. Eu também sou. Acredito que um dia nossa força para amar propiciará a fruição do Sonho e instituirá a Comunidade Amada na Terra.

CORETTA SCOTT KING
Janeiro de 1981

NOTA SOBRE O TEXTO

Os seguintes sermões do dr. Martin Luther King Jr. foram compilados basicamente de *Strength to Love,* publicado pela Harper & Row em 1963 e republicado pela Pocket Books e pela Fortress Press. Dois sermões foram adicionados, seguindo o desejo dos curadores do espólio literário de King: "O instinto maior do tambor", proferido na Igreja Batista Ebenezer em Atlanta, em 4 de fevereiro de 1968, e "As três dimensões de uma vida completa", proferido na Igreja Batista da Nova Aliança em Chicago, em 9 de abril de 1967. O sermão "Como um cristão deve ver o comunismo?" foi omitido por causa de sua natureza datada e da falta de relevância para o público contemporâneo.

Para leitores interessados, esse sermão está disponível on-line no site King Legacy: www.thekinglegacy.org/giftoflove.

PREFÁCIO

Nestes dias turbulentos de incerteza, os males da guerra e da injustiça econômica e racial ameaçam a própria sobrevivência da raça humana. De fato, vivemos um momento de grave crise. Os sermões deste volume têm como pano de fundo a crise atual, e foram selecionados porque, de uma forma ou de outra, lidam com os problemas pessoais e coletivos que ela apresenta. Neles, procurei expressar a mensagem cristã sobre como lidar com os males sociais que obscurecem nossos dias, além do testemunho e da disciplina pessoais necessários para tanto. Todos eles foram originalmente escritos para meus ex-paroquianos da Igreja Batista da Dexter Avenue de Montgomery, Alabama, e para meus paroquianos atuais na Igreja Batista Ebenezer de Atlanta, Geórgia. Muitos foram proferidos posteriormente em congregações de todo o país.

Todos estes sermões foram proferidos durante ou após o protesto contra os ônibus de Montgomery, Alabama, e extraí vários exemplos desse movimento específico, alguns dos quais foram incluídos no meu livro *Stride toward Freedom* [Passos em direção à liberdade]. Três dos sermões — "Amor em ação", "Amar seus inimigos" e "Sonhos despedaçados" — foram escritos enquanto eu estava em prisões da Geórgia. "Peregrinação à não violência" é uma revisão atualizada de material publicado anteriormente em *The Christian Century* [O século cristão] e *Stride toward Freedom*. Embora não seja um sermão, foi incluída no final do volume a pedido do editor.

Relutei bastante em publicar um livro de sermões. Minhas apreensões surgiram do fato de que um sermão não é um ensaio a ser lido, mas um discurso a ser ouvido. Deve ser um apelo convincente aos ouvidos de uma congregação. Portanto, um sermão é dirigido ao ouvido que escuta, não ao olho que lê. Embora eu tenha tentado reescrever esses sermões para os olhos, estou convencido de que esse empreendimento jamais poderia ser inteiramente bem-sucedido. Assim, mesmo enquanto o livro está sendo impresso, ainda não superei por completo minhas apreensões. Mas, em deferência à minha antiga congregação, à minha atual congregação, a meus associados próximos na Conferência de Liderança Cristã do Sul e a meus muitos amigos em todo o país que pediram cópias de sermões específicos, apresento estes discursos na esperança de que uma mensagem possa chegar à vida dos leitores destas palavras impressas.

Fico feliz em expressar minha profunda gratidão a muitos que me ajudaram. Sou grato aos meus amigos íntimos e ao assistente executivo Wyatt Tee Walker, um excelente e talentoso pregador, por ler o manuscrito inteiro e oferecer valiosas sugestões. Também sou grato a meu professor e amigo, Samuel W. Williams, por suas sugestões úteis e estimulantes. Charles L. Wallis prestou uma valiosa assistência editorial no manuscrito final. Agradeço também à minha eficiente secretária, Dora E. McDonald, por suas constantes palavras encorajadoras e por transferir minhas páginas manuscritas para uma cópia datilografada. Acima de tudo, devo agradecer à minha devota esposa, Coretta, que leu todo o manuscrito e apresentou sugestões e inspiração inestimáveis. Seu amor e paciência permitiram que entendesse meu afastamento, dela e de nossos filhos, até a conclusão deste livro.

MARTIN LUTHER KING JR.

UM

UMA MENTE RIGOROSA E UM CORAÇÃO SENSÍVEL

*Portanto, sede sensatos como as serpentes
e inofensivos como as pombas.*

Mateus 10:16

Um filósofo francês disse: "Nenhum homem é forte se não tiver em seu caráter antíteses fortemente demarcadas". O homem forte mantém uma combinação viva de opostos fortemente demarcados. Não é comum os homens conseguirem esse equilíbrio de opostos. Os idealistas em geral não são realistas, e os realistas em geral não são idealistas. Os militantes não costumam ser conhecidos por serem passivos, nem os passivos por serem militantes. Raras vezes os humildes são assertivos ou os assertivos são humildes. Mas o melhor na vida é uma síntese criativa de opostos em harmonia frutífera. O filósofo Hegel disse que a verdade não é encontrada nem na tese nem na antítese, mas em uma síntese que reconcilie as duas.

Jesus reconheceu a necessidade de combinar opostos. Ele sabia que seus discípulos enfrentariam um mundo difícil e hostil, que confrontariam a recalcitrância de governantes políticos e a intransigência dos protetores da velha ordem. Sabia que estariam diante de homens frios e arrogantes, com corações endurecidos pelo longo inverno do tradicionalismo. Então ele lhes disse: "Eis que eu vos envio como ovelhas ao meio de lobos". E forneceu uma fórmula para a ação: "Portanto, sede sensatos como as serpentes e inofensivos como as pombas".[3] É bem difícil imaginar uma pessoa tendo, ao mesmo tempo, as características da serpente e as da pomba, mas é o que Jesus espera. Devemos combinar a prudência da serpente com a suavidade da pomba, uma mente rigorosa com um coração sensível.

---

3 No original, não foram listadas algumas referências bíblicas, que aparecerão indicadas em nota de rodapé nesta edição. Essa citação, por exemplo, está na Bíblia, em Mateus 10:16. (N. E.)

I

Vamos considerar, primeiro, a necessidade de uma mente rigorosa, caracterizada por um pensamento incisivo, uma avaliação realista e um julgamento decisivo. Uma mente rigorosa é afiada e penetrante, rompe a crosta de lendas e mitos e separa o verdadeiro do falso. O indivíduo de mente rigorosa é astuto e perspicaz. Tem uma característica forte e austera, que garante firmeza de propósito e solidez de compromisso.

Quem duvida que esse rigor da mente seja uma das maiores necessidades humanas? Raras vezes encontramos homens que preferem se engajar em pensamentos rigorosos e sólidos. Existe uma busca quase universal por respostas fáceis e soluções precipitadas. Nada incomoda mais algumas pessoas do que ter de pensar.

Essa tendência predominante à permissividade explica-se pela inacreditável credulidade do homem. Considerem nossa atitude em relação aos anúncios publicitários. Somos facilmente levados a comprar um produto porque um anúncio na televisão ou no rádio afirma ser melhor que qualquer outro. Os anunciantes há muito descobriram que a maioria das pessoas tem uma mente permissiva e capitalizam essa suscetibilidade por meio de slogans habilidosos e eficazes.

Essa credulidade indevida também pode ser vista na tendência de muitos leitores a aceitar a palavra publicada pela imprensa como a verdade final. Pouca gente percebe que mesmo nossos canais autênticos de informação — a imprensa, a tribuna e, em muitos casos, o púlpito — não nos oferecem uma verdade objetiva e imparcial. Poucas pessoas têm clareza mental para julgar criticamente e diferenciar o verdadeiro do falso, o fato da ficção. O tempo todo nossa mente é invadida por legiões de meias verdades, preconceitos e fatos falsos. Uma das grandes premências da humanidade é se postar acima desse lamaçal de propagandas falsas.

Indivíduos permissivos tendem a acreditar em todos os tipos de superstição. Sua mente é invadida o tempo todo por temores irracionais, que variam do medo da sexta-feira 13 ao medo de um gato preto atravessando a rua. Ao usar o elevador de um dos grandes hotéis da cidade de Nova York, notei pela primeira vez que não havia o décimo terceiro andar — o décimo quarto andar se seguia ao décimo segundo. Ao perguntar ao ascensorista o motivo dessa omissão, ele respondeu: "Essa prática é seguida pela maioria dos grandes hotéis por causa do medo de muita gente de se hospedar no décimo terceiro andar". Em seguida, ele acrescentou: "A verdadeira tolice desse medo está no fato de o décimo quarto andar ser na realidade o décimo terceiro". Tais temores deixam uma mente permissiva abatida durante o dia e atormentada durante a noite.

O homem permissivo sempre teme a mudança. Sente segurança no status quo e tem um medo quase mórbido do novo. Para ele, a maior dor é a dor de uma nova ideia. Um idoso segregacionista do Sul teria dito: "Agora percebo que a dessegregação é inevitável. Mas rezo a Deus para que isso não aconteça antes de eu morrer". A pessoa permissiva sempre quer cristalizar o momento e manter a vida sob o jugo restritivo da mesmice.

A permissividade normalmente permeia a religião. É por isso que a religião às vezes rejeita uma nova verdade com uma paixão dogmática. Por meio de decretos e intimidações, inquisições e excomunhões, a igreja tentou prorrogar a verdade e colocar uma impenetrável muralha de pedra no caminho daqueles que a buscam. A crítica histórico-filológica da Bíblia é considerada por mentes permissivas como uma blasfêmia, e a razão costuma ser vista como o exercício de uma faculdade corrupta. Pessoas de mente permissiva revisaram as Bem-aventuranças para significar: "Abençoados são os pobres em espírito, porque deles é o reino do céu".[4]

Isso também levou a uma crença generalizada de que existe um conflito entre ciência e religião. Mas não é verdade. Pode haver um conflito entre religiosos permissivos e cientistas rigorosos, mas não entre ciência e religião. Seus respectivos mundos são diferentes, seus métodos são distintos. A ciência investiga; a religião interpreta. A ciência dá ao homem o conhecimento do que é o poder; a religião dá ao homem a sabedoria do que é o controle. A ciência lida basicamente com fatos; a religião, com valores. As duas não são rivais. São complementares. A ciência impede que a religião se afunde no vale do irracionalismo imobilizador e do obscurantismo paralisante. A religião impede a ciência de cair no pântano do materialismo obsoleto e do niilismo moral.

Não precisamos procurar muito longe para detectar os perigos da permissividade. Ao capitalizar mentes permissivas, ditadores levaram homens a atos de barbárie e terror impensáveis numa sociedade civilizada. Adolf Hitler percebeu que a permissividade era tão predominante entre seus seguidores que declarou: "Uso a emoção para muitos e reservo a razão para poucos". Em *Minha luta*, ele afirmou:

> *Por meio de mentiras astutas, repetidas incessantemente, é possível fazer as pessoas acreditarem que o céu é o inferno — e que o inferno é o céu [...]. Quanto maior a mentira, mais facilmente se acreditará nela.*

A permissividade é uma das causas básicas do preconceito racial. Uma pessoa de mente rigorosa sempre analisa os fatos antes de chegar a conclusões; em suma, ela pós-julga. Uma pessoa de mente permissiva chega a uma conclusão antes de analisar o primeiro fato,

---

4 Essa citação é de Mateus 5:3. (N. T.)

ou seja, ela pré-julga e é preconceituosa. O preconceito racial é baseado em temores infundados, desconfiança e mal-entendidos. Há aqueles com mente tão permissiva que acreditam na superioridade da raça branca e na inferioridade da raça negra, apesar das rigorosas pesquisas de antropólogos que revelam a falsidade dessa noção. Há pessoas permissivas que argumentam que a segregação racial deve se perpetuar porque os negros ficam para trás nos padrões acadêmicos, de saúde e morais. Não têm perspicácia para perceber que esses padrões de desempenho são o resultado da segregação e da discriminação. Não reconhecem que é racionalmente infundado e sociologicamente insustentável usar os efeitos trágicos da segregação como argumento para sua continuidade. Muitos políticos do Sul sabem dessa doença da permissividade que acomete seu eleitorado. Com um zelo insidioso, fazem inflamadas declarações e disseminam distorções e meias verdades que insuflam temores anormais e antipatias mórbidas na mente de brancos desprivilegiados e sem instrução, deixando-os tão confusos que são levados a atos de maldade e violência que nenhuma pessoa normal cometeria.

Há pouca esperança para nós enquanto não nos tornarmos lúcidos o bastante para nos libertarmos dos grilhões do preconceito, das meias verdades e da ignorância absoluta. As condições do mundo atual não nos permitem o luxo da permissividade. Um país ou uma civilização que continua a produzir homens de mente permissiva está comprando à prestação sua própria morte espiritual.

II

Mas não devemos nos contentar em apenas cultivar uma mente rigorosa. O evangelho também exige um coração sensível. Rigor sem sensibilidade é uma coisa fria e distante, que mantém a vida em um inverno perpétuo, sem a calidez da primavera e o calor ameno do verão. O que é mais trágico do que ver uma pessoa que se alçou à disciplina do rigor, mas que ao mesmo tempo mergulhou nas trevas da severidade?

A pessoa com um coração endurecido nunca ama de verdade. Ela se envolve em um utilitarismo grosseiro, que avalia os outros basicamente de acordo com a serventia deles. Nunca usufrui da beleza da amizade, pois é fria demais para sentir afeição pelo outro, e egocêntrica demais para compartilhar a alegria e a tristeza com o outro. Torna-se uma ilha isolada. Nenhuma demonstração de amor a liga ao continente da humanidade.

A pessoa de coração endurecido carece da capacidade de uma compaixão genuína. É indiferente às dores e aflições de seus irmãos. Todos os dias passa por homens infelizes, mas nunca os vê realmente. Doa dinheiro a uma instituição de caridade que cumpre seu papel, mas não dá nada do seu espírito.

O indivíduo de coração endurecido nunca vê as pessoas como pessoas, mas como meros objetos ou engrenagens impessoais numa roda sempre em movimento. Na imensa roda da indústria, vê os homens como mão de obra. Na roda das massas que vivem em uma grande cidade, vê os homens como dígitos numa multidão. Na roda mortal da vida militar, vê os homens como números num regimento. Esse indivíduo despersonaliza a vida.

Muitas vezes Jesus ilustrou as características dos que têm o coração endurecido. O tolo rico foi condenado não porque não tinha uma mente rigorosa, mas por não ter um coração sensível. A vida para ele era um espelho no qual só via a si mesmo, não uma janela através da qual poderia enxergar outros indivíduos. O homem rico foi para o inferno não por ser rico, mas por não ser sensível o suficiente para ver Lázaro, e por não fazer nenhuma tentativa a fim de transpor o abismo entre ele e seu irmão.

Jesus nos lembra que uma boa vida combina a astúcia da serpente com a suavidade da pomba. Quem tem as características da serpente sem possuir as da pomba não tem compaixão, é mesquinho e egoísta. Quem possuir as características da pomba sem possuir as da serpente é sentimental, fraco e sem rumo. Precisamos combinar antíteses fortemente demarcadas.

Nós, como negros, temos de reunir uma mente rigorosa e um coração sensível se quisermos avançar de forma criativa em direção à meta da liberdade e da justiça. Indivíduos de mente permissiva entre nós acham que a única maneira de lidar com a opressão é se ajustando a ela. Eles aquiescem e se resignam à segregação. Preferem continuar oprimidos. Quando Moisés libertou os filhos de Israel da escravidão do Egito para conduzi-los à liberdade da Terra Prometida, descobriu que os escravizados nem sempre são receptivos aos seus libertadores. Preferem aguentar os males que sofrem, como mencionou Shakespeare, a fugir e enfrentar males que desconhecem. Preferem as "panelas de carne do Egito"[5] às provações da emancipação. Mas essa não é a saída. A aquiescência da mente permissiva é covarde. Meus amigos, não podemos ganhar o respeito dos brancos do Sul, nem de lugar nenhum, se estivermos dispostos a trocar o futuro dos nossos filhos por nosso conforto e nossa segurança. Além disso, devemos entender que aceitar passivamente um sistema injusto é cooperar com esse sistema e, portanto, se tornar cúmplice de seus malefícios.

E há entre nós indivíduos de coração endurecido e amargo que combateriam o oponente com violência física, corroídos pelo ódio. A violência gera apenas vitórias temporárias; ao criar muito mais problemas sociais do que soluções, a violência nunca resulta numa paz permanente. Estou convencido de que, se sucumbirmos à tentação de recorrer à violência em nossa luta pela liberdade, as gerações vindouras serão as vítimas de uma longa e desolada noite de amargura, e nosso principal legado para elas será um reinado interminável de caos. Uma Voz, ecoando pelos corredores do tempo,

---

5 Expressão usada em Êxodo 16:3. (N.T.)

diz a todos os intemperados como Pedro: "Coloca a tua espada na bainha". A história está repleta de ruínas de nações que não seguiram o mandamento de Cristo.

III

Um terceira via está aberta à nossa busca pela liberdade: a resistência não violenta, que combina a mente rigorosa com o coração sensível, evitando a complacência e a inação das mentes permissivas e a violência e o ressentimento dos corações endurecidos. Minha convicção é que esse método deve guiar nossas ações na crise atual das relações raciais. Por meio da resistência não violenta, seremos capazes de nos opor ao sistema injusto e, ao mesmo tempo, amar os que mantêm esse sistema. Devemos trabalhar apaixonada e incansavelmente por nossa plena estatura como cidadãos, mas que nunca se diga, meus amigos, que para conquistá-la nós usamos os métodos inferiores de falsidade, malícia, ódio e violência.

Eu não poderia concluir sem aplicar o significado do texto à natureza de Deus. A grandeza de nosso Deus reside no fato de ele ter ao mesmo tempo uma mente rigorosa e um coração sensível. Ter tanto características de austeridade como de generosidade. A Bíblia, sempre clara ao enfatizar os dois atributos de Deus, expressa a mente rigorosa em sua justiça e sua ira, e o coração sensível em seu amor e sua graça. Deus tem dois braços estendidos. Um é forte o bastante para nos cercar com sua justiça, e o outro, generoso o suficiente para nos abraçar com sua graça. Por um lado, Deus é um Deus de justiça, que castigou Israel por seus atos de desobediência, e por outro é um pai que perdoa, cujo coração se encheu de uma alegria indizível quando o pródigo retornou à casa.

Sou grato por venerarmos um Deus que é ao mesmo tempo rigoroso e sensível. Se Deus fosse apenas rigoroso, seria um déspota frio e sem compaixão sentado num céu distante "a tudo contemplando", como diz Tennyson em "O palácio da arte". Seria o "motor imóvel" de Aristóteles, conhecedor de si mesmo, mas sem amar os outros. Mas, se tivesse apenas o coração sensível, Deus seria condescendente e sentimental demais para intervir quando as coisas dão errado, e incapaz de controlar o que fez. Ele seria como o Deus amável de H. G. Wells em *God, the Invisible King* [Deus, o rei invisível], que gostaria muito de fazer um mundo bom, mas se vê impotente diante dos afluentes poderes do mal. Deus não tem um coração endurecido nem uma mente permissiva. Tem o rigor necessário para transcender o mundo, e o coração sensível necessário para viver nele. Deus não nos deixa sós em nossas agonias e lutas. Ele nos busca nos lugares mais sombrios e sofre por nós e conosco em nossa trágica prodigalidade.

Às vezes precisamos saber que o Senhor é um Deus de justiça. Quando gigantes adormecidos da injustiça surgem na Terra, precisamos saber que existe um Deus de poder capaz de ceifá-los como se fossem grama e deixá-los definhar como ervas daninhas. Quando nossos esforços mais incansáveis falham em impedir a onda crescente de opressão, precisamos saber que neste universo existe um Deus cuja força incomparável é um contraste adequado à fraqueza sórdida do homem. Mas também há momentos em que precisamos saber que ele é um Deus de amor e misericórdia. Quando somos acossados pelos ventos frios da adversidade e assolados pelas tempestades furiosas da desilusão, quando nos perdemos em algum país longínquo e destrutivo por causa de nossa loucura e de nossos pecados, quando nos vemos frustrados devido a um estranho sentimento de orfandade, precisamos saber que existe Alguém que nos ama, que cuida de nós, que nos entende e que nos dará uma nova chance. Quando os dias escurecem e as noites se tornam lúgubres, podemos agradecer ao nosso Deus por combinar em sua natureza uma síntese criativa de amor e justiça, que nos conduzirá pelos vales sombrios da vida e pelos ensolarados caminhos da esperança e da realização.

DOIS

UM NÃO CONFORMISTA TRANSFORMADO

Não sede conformados com este mundo, mas sede transformados pela renovação da vossa mente.
Romanos 12:2

"Não se conformar" é um conselho difícil para uma geração cujo espírito e cujos pés foram condicionados pela pressão das massas a marchar sob as batidas rítmicas do status quo. Muitas vozes e forças nos instam a escolher o caminho da resistência mínima e nos ordenam a jamais lutar por uma causa impopular e a nunca fazer parte de uma patética minoria de dois ou três.

Mesmo alguns de nossos ensinamentos intelectuais nos convencem da necessidade de nos conformarmos. Alguns sociólogos filosóficos sugerem que a moralidade é meramente o consenso de um grupo, e que os costumes são as maneiras corretas. E há psicólogos que dizem que a adaptação mental e emocional é a recompensa por pensar e agir como os outros.

Sucesso, identificação e conformidade são as palavras-chave do mundo moderno, em que todos parecem almejar a segurança anestesiante de se identificar com a maioria.

I

Apesar da tendência predominante de nos conformarmos, como cristãos, temos um mandamento de não conformismo. O apóstolo Paulo, que conhecia as realidades internas da fé cristã, aconselhou: "Não sede conformados com este mundo, mas sede transformados pela renovação da vossa mente". Somos convocados a ser pessoas de convicção, não de conformidade; de nobreza moral, não de respeitabilidade social. Somos ordenados a viver de maneira diferente e de acordo com uma lealdade de nível mais alto.

Todo verdadeiro cristão é um cidadão de dois mundos, o mundo do tempo e o mundo da eternidade. Paradoxalmente, estamos no mundo, mas não somos do mundo. Aos cristãos filipenses, Paulo escreveu: "A nossa cidadania está nos céus". Eles entenderam o que o apóstolo quis dizer, pois a cidade de Filipos era uma colônia de Roma. Quando Roma queria romanizar uma província, estabelecia uma pequena colônia de pessoas que viviam segundo as leis e os costumes romanos e que, embora estivessem em outro país, mantinham sua aliança com Roma. Essa minoria poderosa e criativa disseminava os cânones da cultura romana. Ainda que a analogia seja imperfeita — os colonos romanos viviam em uma estrutura de injustiça e exploração, isto é, o colonialismo —, o apóstolo aponta para a responsabilidade dos cristãos de imbuir num mundo não cristão os ideais de uma ordem superior e mais nobre. Vivendo na colônia do tempo, somos essencialmente responsáveis diante do império da eternidade. Como cristãos, jamais devemos resignar nossa suprema lealdade a nenhum costume ou ideia limitados pelo tempo e pela terra, pois no coração do nosso universo existe uma realidade superior — Deus e seu reino de amor — à qual devemos nos conformar.

Esse mandamento de não nos conformarmos vem não somente de Paulo, mas também do nosso Senhor e Mestre, Jesus Cristo, o não conformista mais dedicado do mundo, cuja não conformidade ética ainda desafia a consciência da humanidade.

Quando uma sociedade afluente nos convence a acreditar que a felicidade consiste no tamanho de nossos automóveis, na imponência de nossas casas e no preço de nossas roupas, Jesus nos lembra: "A vida do homem não consiste na abundância das coisas que ele possui".

Quando cedemos à tentação de um mundo abundante em promiscuidade sexual e enlouquecido por uma filosofia de autoexpressão, Jesus nos diz que "qualquer que olhar para uma mulher e cobiçá-la, já cometeu adultério com ela em seu coração".

Quando nos recusamos a sofrer pela retidão e escolhemos seguir o caminho do conforto e não da convicção, ouvimos Jesus dizer: "Abençoados são os perseguidos por causa da justiça, porque deles é o reino do céu".

Quando nós, em nosso orgulho espiritual, nos gabamos de ter atingido o pico da excelência moral, Jesus adverte: "Os publicanos e as prostitutas entram antes de vós no reino de Deus".

Quando nós, com um distanciamento sem compaixão e um individualismo arrogante, deixamos de responder às necessidades dos desfavorecidos, o Mestre diz: "Quando o fizestes ao menor destes meus irmãos, a mim o fizestes".

Quando permitimos que a centelha da vingança em nossa alma inflame o ódio contra nossos inimigos, Jesus ensina: "Amai os vossos inimigos, abençoai os que vos amaldiçoam, fazei o bem aos que vos odeiam, e orai pelos que vos tratam com maldade e vos perseguem".

Em todos os lugares e em todos os momentos, a ética do amor de Jesus é uma luz radiante revelando a feiura da nossa conformidade estagnada.

Apesar dessa exigência imperativa de viver de maneira diferente, cultivamos uma mentalidade de massa e passamos do extremo do individualismo radical para o extremo ainda maior do coletivismo radical. Não somos criadores da história, somos criados pela história. Longfellow disse: "Neste mundo, um homem deve ser uma bigorna ou um martelo", o que significa moldar a sociedade ou ser moldado por ela. Quem duvida que hoje a maior parte dos homens é a bigorna e é moldada pelos padrões da maioria? Ou, para mudar a metáfora, as pessoas — e os cristãos em particular — são, em sua maioria, termômetros que indicam ou registram a temperatura da opinião predominante, não termostatos que transformam e regulam a temperatura da sociedade.

O maior e mais terrível temor de muitas pessoas é assumir uma posição que se destaque nítida e claramente da opinião predominante. A tendência da maioria é adotar uma visão tão ambígua que inclua tudo, e tão popular que inclua todos. Somado a isso, vem crescendo um culto desmedido à grandeza. Vivemos numa era de "gigantismo", em que os homens encontram segurança no que é grande e extenso — grandes cidades, grandes edifícios, grandes corporações. Esse culto ao tamanho fez muitos terem medo de ser identificados com uma ideia minoritária. Não são poucos os que acalentam ideais nobres e elevados e os escondem embaixo do tapete por medo de serem chamados de diferentes. Muitos brancos sinceros no Sul são pessoalmente contra a segregação e a discriminação, mas se sentem apreensivos quanto a serem condenados em público. Milhões de cidadãos vivem uma profunda preocupação com o fato de o complexo industrial-militar muitas vezes moldar a política nacional, mas não querem ser considerados antipatrióticos. Incontáveis americanos leais acreditam de verdade que um organismo mundial como a Organização das Nações Unidas deveria incluir até a China Vermelha, mas temem ser chamados de simpatizantes dos comunistas. Uma legião de pessoas ponderadas reconhece que o capitalismo tradicional deve passar por mudanças contínuas para que nossa grande riqueza nacional seja distribuída de maneira mais equitativa, mas temem que suas críticas as façam parecer antiamericanas. Inúmeros jovens saudáveis e decentes se deixam envolver em atividades prejudiciais, que eles mesmos não aprovam ou não apreciam, por vergonha de dizer "não quando o grupo diz 'sim'". *Poucas* pessoas têm a audácia de expressar em público suas convicções, enquanto *muitas* se deixam ser "astronomicamente intimidadas"!

A conformidade cega nos torna tão desconfiados de um indivíduo que insiste em dizer no que de fato acredita que somos implacáveis ao ameaçar suas liberdades civis. Se um homem que acredita intensamente na paz for louco o suficiente para exibir um cartaz numa manifestação pública, ou se um branco do Sul que acredita no sonho americano da dignidade e do valor da personalidade humana ousar convidar um negro para ir à sua casa e se aliar a ele em sua luta pela liberdade, ele pode ser intimado por um órgão de investigação legislativa. Porque qualquer um que defenda a causa da irmandade humana com certeza será um comunista!

Thomas Jefferson escreveu: "Jurei no altar de Deus hostilidade eterna contra toda forma de tirania sobre a mente do homem". Para os conformistas e aqueles que moldam a mentalidade conformista, sem dúvida isso deve parecer uma doutrina perigosa e radical. Será que permitimos que a luz do pensamento independente e do individualismo ficasse tão fraca que, se Jefferson escrevesse e vivesse de acordo essas palavras hoje em dia, encontraríamos motivos para assediá-lo e investigá-lo? Se os americanos permitirem que o controle do pensamento, o controle dos negócios e o controle da liberdade continuem, certamente seremos envolvido pelas sombras do fascismo.

II

Em nenhum outro lugar a tendência trágica ao conformismo é mais evidente do que na Igreja, uma instituição que muitas vezes serviu para cristalizar, conservar e até abençoar os padrões da opinião da maioria. As sanções de outrora da Igreja à escravidão, à segregação racial, à guerra e à exploração econômica são um testemunho de que a essa instituição deu mais ouvidos às autoridades do mundo que à autoridade de Deus. Chamada para ser a guardiã moral da comunidade, em alguns momentos a Igreja preservou o que é imoral e antiético. Chamada para combater os males sociais, permaneceu em silêncio atrás dos seus vitrais. Chamada para liderar os homens no caminho da irmandade e a convocá-los a se elevarem acima dos estreitos limites de raça e classe, ela enunciou e praticou a exclusividade racial.

Nós, pregadores, também fomos tentados pelo aliciante culto da conformidade. Seduzidos pelos símbolos de sucesso do mundo, medimos nossas realizações pelo tamanho do nosso presbitério. Nós nos tornamos artistas de palco para agradar aos caprichos e aos humores do povo. Fazemos sermões reconfortantes e evitamos dizer no púlpito qualquer coisa que possa perturbar a visão respeitável dos membros acomodados das nossas congregações. Será que nós, ministros de Jesus Cristo, sacrificamos a verdade no altar de nossos próprios interesses e, como Pilatos, cedemos nossas convicções às demandas da multidão?

Precisamos recuperar o brilho do evangelho dos primeiros cristãos, que eram não conformistas no sentido mais verdadeiro da palavra e se recusavam a moldar seu testemunho segundo os padrões mundanos da sociedade. Eles sacrificaram a fama, a fortuna e a própria vida em favor de uma causa que sabiam ser correta. Pequenos em termos numéricos, eles foram qualitativamente gigantes. O poderoso evangelho que pregavam pôs fim a males bárbaros, como o infanticídio e as lutas sangrentas de gladiadores. No fim, capturaram o Império Romano para Jesus Cristo.

Aos poucos, no entanto, a Igreja tornou-se tão arraigada à sua riqueza e ao seu prestígio que começou a diluir as firmes exigências do evangelho e a se conformar com os caminhos do mundo. E, desde então, a Igreja tem sido uma trombeta fraca e ineficaz produzindo sons incertos. Se a Igreja de Jesus Cristo quiser recuperar mais uma vez seu poder, sua mensagem e seu toque autêntico, precisará estar em conformidade apenas com as exigências do evangelho.

A esperança de um mundo seguro e habitável recai sobre não conformistas disciplinados que se dediquem à justiça, à paz e à fraternidade. Os pioneiros da liberdade humana, acadêmica, científica e religiosa sempre foram não conformistas. Em qualquer causa relacionada ao progresso da humanidade, deposite sua fé no não conformista!

Em seu ensaio "Self-Reliance" [Autossuficiência], Emerson escreveu: "Seja quem for o homem, ele deve ser um não conformista". O apóstolo Paulo nos lembra que, seja quem for o cristão, ele também deve ser um não conformista. Qualquer cristão que aceitar cegamente as opiniões da maioria e, por medo e timidez, seguir o caminho da conveniência e da aprovação social será um escravo mental e espiritual. Marque bem estas palavras de James Russell Lowell:

> *They are slaves who fear to speak*
> *For the fallen and the weak;*
> *They are slaves who will not choose*
> *Hatred, scoffing, and abuse,*
> *Rather than in silence shrink*
> *From the truth they needs must think;*
> *They are slaves who dare not be*
> *In the right with two or three.*[6]

---

6 Em tradução livre: "São escravos que têm medo de falar / Pelos caídos e pelos fracos; / São escravos que não escolherão / Ódio, escárnio e abuso, /

III

O não conformismo em si, no entanto, pode não ser necessariamente bom, e às vezes não tem nenhum poder transformador nem redentor. O não conformismo em si não contém a salvação, e em algumas circunstâncias pode representar pouco mais que uma forma de exibicionismo. Paulo, na segunda metade do texto, oferece uma fórmula para o não conformismo construtivo: "Transformem-se pela renovação da sua mente". O não conformismo é criativo quando é controlado e dirigido por uma vida transformada, e é construtivo quando adota uma nova perspectiva mental. Ao abrir nossa vida a Deus em Cristo, nós nos tornamos novas criaturas. Essa experiência, à qual Jesus se referiu como o novo nascimento, é essencial para que nos transformemos em não conformistas e sejamos libertados do coração frio e da presunção da verdade que com tanta frequência caracterizam o não conformismo. Alguém disse: "Adoro reformas, mas odeio reformistas". Um reformista pode ser um inconformista não transformado, cuja rebelião contra os males da sociedade o deixou irritantemente rígido e irracionalmente impaciente.

Apenas por meios de uma transformação espiritual interna é que ganhamos força para combater de maneira vigorosa os males do mundo com um espírito humilde e amoroso. Além disso, o não conformista transformado nunca cede à paciência passiva, que é uma desculpa para não fazer nada. E essa mesma transformação o poupa de falar palavras irresponsáveis que não dão margem à reconciliação e de fazer julgamentos precipitados cegos à necessidade do progresso social. Ele reconhece que a mudança social

---

Em vez de em silêncio se encolher / Da verdade que devem considerar; / São escravos que não ousam estar / Do lado certo com dois ou três". (N.T.)

não ocorrerá da noite para o dia, mas trabalha como se fosse uma possibilidade iminente.

Este momento da história precisa de um círculo dedicado de não conformistas transformados. Nosso planeta oscila à beira da aniquilação atômica; sentimentos perigosos de orgulho, ódio e egoísmo estão entronizados em nossa vida; a verdade jaz prostrada nas encostas escarpadas de calvários sem nome; e os homens reverenciam falsos deuses do nacionalismo e do materialismo. A salvação de nosso mundo da destruição iminente virá não pela adaptação complacente da maioria conformista, mas pela inadaptação criativa de uma minoria não conformista.

Há alguns anos o professor Bixler nos lembrou do perigo de sobrecarregar a vida bem ajustada. Todos desejam intensamente ser bem ajustados. É claro que devemos estar bem ajustados para evitar personalidades neuróticas e esquizofrênicas, mas há algumas coisas em nosso mundo às quais os homens de boa vontade devem se sentir desajustados. Confesso que não pretendo jamais me ajustar aos males da segregação e aos efeitos incapacitantes da discriminação, à degeneração moral do fanatismo religioso e às consequências corrosivas do sectarismo estrito, às condições econômicas que privam os homens de trabalho e comida, às insanidades do militarismo e aos efeitos autodestrutivos da violência física.

A salvação humana está nas mãos dos desajustados criativos. Hoje precisamos de homens desajustados como Sadraque, Mesaque e Abednego, que, quando ordenados pelo rei Nabucodonosor a se curvar diante de uma imagem de ouro, disseram em termos inequívocos: "Se assim o for, nosso Deus a quem servimos é capaz de nos livrar da fornalha de fogo ardente [...]. Mas se não o for [...] não serviremos aos teus deuses"; como Thomas Jefferson, que, em uma época ajustada à escravidão, escreveu: "Consideramos estas verdades como autoevidentes, que todos os homens são criados iguais, que são dotados pelo Criador de certos direitos inalienáveis, que entre eles estão a vida, a liberdade e a busca da felicidade"; como Abraham Lincoln, que teve a sabedoria de discernir que esta nação não poderia sobreviver meio escravizada e meio livre; e supremamente como nosso Senhor, que, em meio à intrincada e fascinante maquinaria militar do Império Romano, lembrou a seus discípulos que "todos os que lançarem mão da espada hão de perecer com a espada". Com todo esse desajuste, uma geração já decadente pode ser convocada para essas coisas que contribuem para a paz.

A honestidade me impele a admitir que o não conformismo transformado, que é sempre custoso e nunca muito confortável, pode implicar uma caminhada pelo vale da sombra do sofrimento, a perda de um emprego ou a indagação por uma filha de seis anos: "Papai, por que você tem de ir tanto pra cadeia?". Mas estamos seriamente enganados ao pensar que o cristianismo nos protege da dor e da agonia da existência mortal. O cristianismo sempre insistiu em que a cruz que carregamos precede a coroa que usamos. Para ser cristão, é preciso pegar sua cruz, com todo seu conteúdo pleno de dificuldades, agonias e tragédias, e carregá-la até que a própria cruz deixe suas marcas e nos redima para o caminho de mais excelência que só vem com o sofrimento.

Nesses dias de confusão mundial, há uma necessidade urgente de homens e mulheres que lutem corajosamente pela verdade. Precisamos de cristãos que ecoem as palavras que John Bunyan disse a seu carcereiro quando, depois de ter passado doze anos na prisão, lhe foi prometida a liberdade se ele concordasse em parar de pregar:

> *Mas, se nada for feito, a menos que eu faça da minha consciência um açougue e um matadouro permanentes, a menos que, arrancando meus olhos, eu confie nos cegos para me guiar, como duvido que alguns desejem, determinei, sendo o Deus Todo-Poderoso minha ajuda e meu escudo, ainda que para sofrer, se a vida frágil puder continuar por*

muito tempo, até que o musgo cresça nas minhas sobrancelhas, prefiro isso a violar minha fé e meus princípios.

Devemos fazer uma escolha. Continuaremos a marchar sob as batidas ritmadas do conformismo e da respeitabilidade ou, ouvindo o ritmo de um tambor mais distante, caminharemos sob o eco de seus sons? Marcharemos apenas pela música do tempo ou, nos arriscando a críticas e abusos, marcharemos pela música da eternidade que salva as almas? Mais do que nunca, hoje somos desafiados pelas palavras de ontem: "Não sede conformados com este mundo, mas sede transformados pela renovação da vossa mente".

TRÊS

SOBRE SER BOM COM O PRÓXIMO

E quem é o meu próximo?

Lucas 10:29

Eu gostaria de falar com você sobre um homem bom, cuja vida exemplar sempre será uma luz piscando para atormentar a consciência adormecida da humanidade. Sua bondade se fundamentou não em um compromisso passivo com um credo em particular, mas em sua participação ativa em um ato de salvar vidas; não em uma peregrinação moral que chegou a seu ponto de destino, mas na ética do amor pela qual percorreu a estrada da vida. Ele era bom porque era bom com o próximo.

A preocupação ética desse homem é expressa em uma pequena e magnífica história, que começa com uma discussão teológica sobre o significado da vida eterna e termina com uma expressão concreta de compaixão em um caminho perigoso. Jesus é indagado por um doutor que havia estudado em detalhes a lei judaica: "Mestre, o que eu farei para herdar a vida eterna?". A resposta é rápida: "O que está escrito na lei? Como lês?". Depois de um momento, o advogado recita articuladamente: "Amarás o Senhor teu Deus com todo o teu coração, e com toda a tua alma, e com todas as tuas forças, e com toda a tua mente; e o teu próximo como a ti mesmo". Então vem a palavra decisiva de Jesus: "Tu respondestes corretamente; faze isso e viverás".[7]

O advogado fica desapontado. "Por que", as pessoas poderiam perguntar, "um especialista em direito levanta uma pergunta que até um noviço pode responder?". Querendo se justificar e mostrar que a resposta de Jesus estava longe de ser conclusiva, o advogado indaga: "E quem é o meu próximo?".[8] O advogado, então, passa a

---

7 Lucas 10:25-28. (N. E.)
8 Lucas 10:29. (N. E.)

usar os bordões do debate que poderiam ter transformado a conversa em uma discussão teológica abstrata. Mas Jesus, determinado a não ser apanhado na "paralisia da análise", tira a questão do ar e a transfere para uma perigosa curva entre Jerusalém e Jericó.

Ele conta a história de "certo homem" que ia de Jerusalém a Jericó e fora atacado por ladrões, que o despojaram, o espancaram e, ao partir, o deixaram quase morto. Por acaso, um sacerdote apareceu, mas passou ao largo, e depois um levita também passou e não parou. Finalmente, apareceu um samaritano, um mestiço de um povo com quem os judeus não tinham relações. Quando viu o homem ferido, foi comovido pela compaixão, ministrou os primeiros socorros, colocou-o sobre seu animal, "levou-o para uma hospedaria e cuidou dele".[9]

Quem é o meu próximo? "Eu não sei o nome dele", diz Jesus em essência. "É qualquer um de quem você esteja próximo. É qualquer um precisando de ajuda na estrada da vida. Não é judeu nem gentio; não é russo nem americano; não é negro nem branco. Ele é um 'certo homem' — qualquer homem carente — em uma das inúmeras estradas da vida de Jericó." Assim Jesus define um próximo não em termos teológicos, mas em uma situação de vida.

No que constituiu a bondade do bom samaritano? Por que ele sempre será um modelo inspirador de virtude para com o próximo? Parece-me que a bondade desse homem pode ser descrita em uma palavra — altruísmo. O bom samaritano era altruísta até o âmago.

---

[9] Lucas 10:34. (N. E.)

O que é altruísmo? O dicionário define altruísmo como "consideração e devoção ao interesse dos outros". O samaritano era bom porque fez da preocupação com os outros a primeira lei de sua vida.

I

O samaritano tinha capacidade para um altruísmo universal. Ele teve uma visão penetrante do que está além dos eternos acidentes de raça, religião e nacionalidade. Uma das grandes tragédias da longa caminhada do homem pela estrada da história tem sido limitar a preocupação com o próximo a tribo, raça, classe ou nação. O Deus do Velho Testamento era um deus tribal, e a ética era tribal. "Não matarás" significava "Não matarás um companheiro israelita, mas, pelo amor de Deus, mate um filisteu". A democracia grega abrangia certa aristocracia, mas não as hordas de escravizados gregos cujos trabalhos construíram as cidades-estados. A universalidade no cerne da Declaração de Independência foi vergonhosamente negada pela chocante tendência dos Estados Unidos de substituir "todos" por "alguns". Inúmeras pessoas no Norte e no Sul ainda acreditam que a afirmação "Todos os homens são criados iguais" significa "Todos os homens brancos são criados iguais". Nossa dedicação inabalável ao capitalismo monopolista faz com que nos preocupemos mais com a segurança econômica dos capitães da indústria do que com os trabalhadores cujo suor e capacidade mantêm a indústria funcionando.

Quais são as consequências devastadoras dessa atitude limitada e centrada no grupo? Isso significa que ninguém realmente se importa com o que acontece com as pessoas fora do seu grupo. Se um americano se preocupa apenas com seu país, ele não se preocupa com os povos da Ásia, da África ou da América do Sul. Não é esse o motivo de nações se envolverem na loucura da guerra sem o menor senso de penitência? Não é por isso que o assassinato de um cidadão do seu país é um crime, mas o assassinato de cidadãos de outro país em guerra é um ato de virtude heroica? Quando os fabricantes se preocupam apenas com seus interesses pessoais, eles passam ao largo, enquanto milhares de trabalhadores são despojados de seus empregos e abandonados em alguma estrada de Jericó como resultado da automação, e consideram socialista qualquer movimento em direção a uma melhor distribuição de riqueza e uma vida melhor para o trabalhador. Se um homem branco estiver preocupado apenas com sua raça, ele passará casualmente pelo negro que foi roubado de sua personalidade, despojado de seu senso de dignidade e deixado para morrer à margem de uma estrada qualquer.

Alguns anos atrás, quando um automóvel que transportava vários jogadores do time de basquete de uma faculdade, composto de negros, sofreu um acidente numa estrada no Sul, três dos jovens tiveram ferimentos graves. Uma ambulância foi chamada imediatamente, mas, ao chegar ao local do acidente, o motorista — que era branco — disse sem rodeios que não era sua política atender negros, e foi embora. O motorista de um automóvel que passava foi benevolente e levou os meninos ao hospital mais próximo, mas o beligerante médico que os recebeu disse: "Nós não atendemos negros neste hospital". Quando os meninos por fim chegaram a um hospital "de cor", numa cidade a cerca de oitenta quilômetros do local do acidente, um deles estava morto e os outros dois morreram trinta e cinquenta minutos depois, respectivamente. É provável que os três pudessem ter sido salvos se tivessem recebido tratamento imediato. Esse é apenas um dos milhares de incidentes desumanos que ocorrem todos os dias no Sul, numa demonstração inacreditável das consequências bárbaras de qualquer ética centrada em tribos, em raças ou em nações.

A verdadeira tragédia de um provincianismo tão bitolado é vermos as pessoas como entidades ou meramente como coisas. Quase nunca as vemos em sua verdadeira humanidade. Uma miopia espiritual limita nossa visão a acidentes externos. Vemos os homens como judeus ou gentios, católicos ou protestantes, chineses ou americanos, negros ou brancos. Não conseguimos pensar neles como seres humanos compostos das mesmas coisas básicas que nós, moldados à mesma imagem divina. O sacerdote e o levita viram apenas um corpo sangrando, não um ser humano como eles. Mas o bom samaritano sempre nos lembrará de remover dos nossos olhos espirituais as cataratas do provincianismo e ver os homens como homens. Se tivesse primeiro considerado o homem ferido como judeu, o samaritano não teria parado, pois os judeus e os samaritanos não tinham relações. Mas ele o viu primeiro como um ser humano, que era judeu apenas por acidente. O homem bom vê o próximo independentemente dos acidentes externos, e discerne as características internas que tornam todos os homens humanos e, portanto, irmãos.

II

O samaritano praticou um altruísmo perigoso. Ele arriscou a própria vida para salvar um irmão. Quando perguntamos por que o sacerdote e o levita não pararam para ajudar o homem ferido, inúmeras sugestões nos vêm à mente. Talvez eles não pudessem chegar atrasados a uma importante reunião eclesiástica. Talvez os regulamentos religiosos proibissem que tocassem em um corpo humano por várias horas antes de desempenhar suas funções no templo. Ou talvez estivessem a caminho de uma reunião organizacional de uma Associação de Melhorias das Estradas de Jericó. Com certeza isso seria uma necessidade real, pois não é suficiente ajudar um homem ferido na estrada de Jericó; também é importante alterar as condições que tornam possíveis os assaltos. A filantropia é louvável, mas não deve fazer com que o filantropo negligencie as circunstâncias de injustiça econômica que tornam a filantropia necessária. Talvez o sacerdote e o levita acreditassem ser melhor curar a injustiça na fonte causal do que se preocupar com seu efeito num caso individual.

São razões prováveis para não terem parado, mas há outra possibilidade, muitas vezes desconsiderada, de que eles estivessem com medo. A estrada de Jericó era perigosa. Quando eu e a sra. King visitamos a Terra Santa, alugamos um carro e dirigimos de Jerusalém a Jericó. Enquanto percorríamos lentamente aquela estrada montanhosa e cheia de curvas, eu disse à minha esposa: "Agora entendo por que Jesus escolheu essa estrada como o cenário de sua parábola". Jerusalém fica a uns seiscentos metros acima do nível do mar, e Jericó, uns trezentos metros abaixo. A descida é feita em cerca de trinta quilômetros. Muitas curvas repentinas fornecem lugares prováveis para emboscadas e expõem o viajante a ataques imprevistos. Antigamente, a estrada era conhecida como Passagem Sangrenta. Portanto, é possível que o sacerdote e o levita tivessem medo de também serem espancados se parassem. Talvez os ladrões ainda estivessem por perto. Ou talvez o homem ferido no chão estivesse fingindo, querendo atrair viajantes que passavam ao seu lado para um assalto rápido e fácil. Imagino que a primeira pergunta que o sacerdote e o levita se fizeram foi: "Se eu parar para ajudar esse homem, o que vai acontecer comigo?". Mas, pela própria natureza de sua preocupação, o bom samaritano inverteu a pergunta: "Se eu não parar para ajudar esse homem, o que vai acontecer com ele?". O bom samaritano se envolveu em um altruísmo perigoso.

Muitas vezes perguntamos: "O que vai acontecer com meu trabalho, meu prestígio ou meu status se eu me posicionar sobre esse assunto? Será que a minha casa será bombardeada, minha vida será ameaçada ou eu vou ser preso?". O homem bom sempre inverte a pergunta. Albert Schweitzer não perguntou: "O que vai acontecer com meu prestígio e minha segurança como professor universitário e com meu status como organista de Bach se eu for trabalhar com os povos da África?"; ele perguntou: "O que vai acontecer com essas milhares de pessoas prejudicadas pelas дляças da injustiça se eu não for até elas?". Abraham Lincoln não perguntou: "O que vai acontecer comigo se eu emitir a Proclamação de Emancipação e acabar com a escravidão?"; ele perguntou: "O que vai acontecer com a União e com os milhões de negros se eu não fizer isso?". Um profissional negro não pergunta: "O que vai acontecer com minha situação estável, com meu status de classe média ou com minha segurança pessoal se eu participar do movimento para acabar com o sistema de segregação?"; ele pergunta: "O que vai acontecer com a causa da justiça e as massas de negros que nunca sentiram o conforto da segurança econômica se eu não participar ativa e corajosamente do movimento?".

A verdadeira estatura de um homem não se revela em momentos de conforto e conveniência, mas em momentos de desafios e controvérsias. O homem realmente bom arrisca sua posição, seu prestígio e até sua vida pelo bem-estar do próximo. Em vales perigosos e caminhos incertos, ele ajudará um irmão espancado e ferido a ter uma vida mais digna e mais nobre.

III

O samaritano também praticou um *altruísmo excessivo*. Com as próprias mãos, ele atou os ferimentos do homem e o colocou sobre seu animal. Teria sido mais fácil pagar um transporte de enfermos para levar o infeliz até um lugar onde pudessem tratá-lo do que correr o risco de manchar de sangue seu traje feito sob medida.

O verdadeiro altruísmo é mais do que a capacidade de sentir pena, é a capacidade de empatia. A pena pode representar pouco mais que uma preocupação impessoal que se resolve enviando um cheque, mas a verdadeira empatia é a preocupação pessoal que requer a doação da alma. A pena pode surgir do interesse por uma abstração chamada humanidade, mas a empatia se origina de uma preocupação com um ser humano carente específico estirado na beira da estrada da vida. A empatia é um sentimento de companheirismo para com a pessoa necessitada — para com sua dor, sua agonia e seu fardo. Nossos esforços missionários fracassam quando baseados em piedade, e não numa verdadeira compaixão. Em vez de procurarmos fazer alguma coisa *com* os povos africanos e asiáticos, muitas vezes preferimos fazer alguma coisa *por* eles. Uma manifestação de piedade desprovida de genuína empatia leva a uma nova forma de paternalismo que ninguém que se preze pode aceitar. Os dólares têm o potencial de ajudar os filhos de Deus feridos na estrada de Jericó da vida, mas, se esses dólares não forem distribuídos por mãos compassivas, eles não vão enriquecer nem quem dá nem quem recebe. Milhões de dólares missionários foram para a África doados por paroquianos que prefeririam morrer um milhão de mortes a conceder a um único africano o privilégio de rezar em suas congregações. Milhões de dólares do Corpo da Paz estão sendo investidos na África por causa dos votos de alguns homens que lutam incansavelmente para impedir que embaixadores africanos sejam membros de seus clubes diplomáticos ou estabeleçam residência nos bairros em que moram. O Corpo da Paz não atingirá seus objetivos se tentar fazer alguma coisa *pelos* povos desprivilegiados do mundo; só terá sucesso se buscar criativamente fazer alguma coisa *com* eles. Falhará como um gesto negativo para derrotar o comunismo; só terá sucesso como um esforço positivo para eliminar da Terra a pobreza, a ignorância e as doenças. Dinheiro desprovido de amor é como sal sem gosto, de nada serve a não ser para ser pisado por pés humanos. A verdadeira proximidade requer uma preocupação pessoal. O samaritano usou as mãos para atar os ferimentos do corpo do homem assaltado, e também liberou um amor transbordante para curar os ferimentos de seu espírito abatido.

Outra manifestação do altruísmo excessivo por parte do samaritano foi sua disposição de ir muito além do chamado do dever.

Depois de cuidar das feridas do homem, colocou-o sobre seu animal, levou-o a uma estalagem e deixou dinheiro para que fosse tratado, enfatizando que, se surgissem novas necessidades financeiras, ele as cobriria com prazer. "Cuida dele, e tudo o que de mais gastares, na minha volta eu te pagarei."[10] Mesmo que não tivesse feito isso, ele já teria mais do que cumprido qualquer regra possível relativa ao dever de alguém com um estranho ferido. Mas ele foi além. Seu amor foi completo.

Dr. Harry Emerson Fosdick fez uma impressionante distinção entre obrigações exigíveis e inexigíveis. As primeiras são reguladas pelos códigos da sociedade e pela vigorosa implementação das agências policiais. O não cumprimento dessas obrigações, escritas em milhares de páginas de livros de direito, já encheu várias prisões. Mas as obrigações inexigíveis estão fora do alcance das leis da sociedade. Elas dizem respeito a atitudes internas, relações genuínas entre uma pessoa e outra e manifestações de compaixão que os livros de direito não podem regular nem as cadeias podem retificar. Tais obrigações são cumpridas pelo compromisso de alguém com uma lei interna, escrita no coração. Leis criadas pelo homem garantem justiça, mas uma lei superior produz amor. Nenhum código de conduta jamais precisou persuadir um pai a amar seus filhos ou um marido a demonstrar afeição pela esposa. Os tribunais podem obrigá-lo a garantir pão para a família, mas não podem obrigá-lo a garantir o pão do amor. Um bom pai é obediente ao inexigível. O bom samaritano representa a consciência da humanidade porque ele também foi obediente ao que não podia ser imposto. Nenhuma lei no mundo poderia ter produzido tanta compaixão, tanto amor genuíno, tão profundo altruísmo.

Atualmente está em curso uma luta intensa em nosso país. É uma luta para conquistar o reino de um monstro maligno chama-

---

10   Lucas 10:35. (N. E.)

do segregação, e de seu gêmeo inseparável chamado discriminação — um monstro que perambula por esta terra há quase cem anos, privando milhões de negros de seu senso de dignidade e impedindo o exercício da liberdade de seus direitos de nascença.

Não devemos jamais sucumbir à tentação de acreditar que a legislação e os decretos judiciais desempenham apenas um papel menor na solução desse problema. A moralidade não pode ser legislada, mas o comportamento pode ser regulado. Os decretos judiciais podem não mudar o coração, mas podem restringir os que não têm coração. A lei não pode fazer um empregador amar um funcionário, mas pode impedir que se recuse a me contratar por causa da cor da minha pele. Os hábitos das pessoas, se não o coração, foram e estão sendo alterados todos os dias por atos legislativos, decisões judiciais e ordens executivas. Não nos deixemos enganar por aqueles que afirmam que a segregação não pode ser eliminada pela força da lei.

Porém, ao reconhecermos isso, temos de admitir que a solução definitiva para o problema racial depende da disposição dos homens a obedecer ao inexigível. As ordens judiciais e as agências federais de aplicação da lei são de valor inestimável para chegarmos à dessegregação, mas a dessegregação é apenas um passo, embora necessário, em direção à meta final que buscamos alcançar, uma genuína vida intergrupal e interpessoal. A dessegregação derrubará as barreiras legais e unirá os homens fisicamente, mas algo deve tocar o coração e a alma dos homens para que se unam em termos espirituais, porque é natural e correto. Uma vigorosa aplicação das leis de direitos civis acabará com instalações públicas segregadas, que são barreiras para uma sociedade de fato dessegregada, mas não pode acabar com medos, preconceitos, orgulho e irracionalidade, que são as barreiras para uma sociedade verdadeiramente integrada. Essas reações sombrias e demoníacas só serão eliminadas quando os homens forem tomados pela lei interior e invisível que impregna em seus corações a convicção de que todos os homens são irmãos e que o amor é a arma mais potente da humanidade para a transformação pessoal e social. A real integração será alcançada pelos que amam de verdade o próximo, que obedecem voluntariamente às obrigações inexigíveis.

Mais do que nunca, meus amigos, homens de todas as raças e nações se encontram hoje diante do desafio de serem próximos uns dos outros. O apelo a uma política mundial de proximidade é mais do que uma palavra de ordem passageira; é o apelo a um modo de vida que transformará nossa iminente elegia cósmica em um salmo de realização criativa. Já não podemos nos dar ao luxo de passar ao largo. Essa loucura já foi chamada de falha moral; hoje isso levará ao suicídio universal. Não podemos sobreviver por muito tempo separados espiritualmente em um mundo geograficamente unido. Em última análise, não posso ignorar o homem ferido na estrada de Jericó da vida, pois ele é parte de mim, e eu sou parte dele. Sua agonia me diminui, e sua salvação me faz crescer.

Em nossa missão de tornar realidade o amor ao próximo, nós precisamos, além do exemplo inspirador do bom samaritano, da vida magnânima de nosso Cristo para nos guiar. Seu altruísmo era universal, pois ele via todos os homens, inclusive publicanos e pecadores, como irmãos. Seu altruísmo era perigoso, pois percorria voluntariamente estradas que ofereciam risco, por uma causa que sabia estar certa. Seu altruísmo era excessivo, pois ele escolheu morrer no Calvário, a mais magnificente demonstração de obediência ao inexigível.

QUATRO

AMOR EM AÇÃO

*Então, disse Jesus: Pai, perdoa-lhes, porque
eles não sabem o que fazem.*

Lucas 23:34

Poucas palavras do Novo Testamento expressam mais clara e solenemente a magnanimidade do espírito de Jesus que sua sublime declaração na cruz: "Pai, perdoa-lhes, porque eles não sabem o que fazem".[11] Isso é amor em sua máxima expressão.

Não entenderemos por completo o grande significado da oração de Jesus se não atentarmos, primeiro, para o fato de que o texto começa com a palavra "então". O versículo imediatamente anterior diz o seguinte: "Quando eles chegaram ao lugar que é chamado Calvário, ali o crucificaram, e aos malfeitores, um à direita, e outro à esquerda. Então, disse Jesus: 'Pai, perdoa-lhes'". *Então* — quando ele estava mergulhando no abismo de uma agonia persistente. *Então* — quando os homens se rebaixavam ao que tinham de pior. *Então* — quando ele estava morrendo a mais ignominiosa das mortes. *Então* — quando as mãos perversas da criatura se atreviam a crucificar o único Filho do Criador. Então, disse Jesus: "Pai, perdoa-lhes". Esse "Então" poderia muito bem ter sido outra coisa. Ele poderia ter dito: "Pai, vinga-te deles", ou "Pai, lança os poderosos raios da ira dos justos para destruí-los", ou "Pai, abre as comportas da justiça e deixa que a violenta avalanche de punição se derrame sobre eles". Mas nenhuma dessas foi sua resposta. Embora sujeito a uma agonia inexprimível, sofrendo dores excruciantes, desprezado e rejeitado, ele clamou: "Pai, perdoa-lhes".

Vamos anotar duas lições básicas a serem extraídas desse texto.

---

11 Lucas 23:34. (N. E.)

I

A primeira é que se trata de uma expressão maravilhosa da capacidade de Jesus de combinar palavras e ações. Uma das grandes tragédias da vida é que raras vezes os homens transpõem o abismo entre o que praticam e o que professam, entre fazer e dizer. Uma esquizofrenia persistente que deixa muitos de nós tragicamente divididos contra nós mesmos. Por um lado, nos orgulhamos ao proferir certos princípios nobres e sublimes, mas, por outro lado, infelizmente, praticamos a antítese desses princípios. Quantas vezes nossas vidas são caracterizadas por uma alta pressão sanguínea de credos e uma anemia de atitudes! Falamos com eloquência sobre nosso compromisso com os princípios do cristianismo, mas nossas vidas estão saturadas de práticas do paganismo. Proclamamos nossa devoção à democracia, mas lamentavelmente praticamos o oposto do credo democrático. Discursamos em tom apaixonado sobre a paz, mas ao mesmo tempo nos preparamos para a guerra com toda a dedicação. Fazemos fervorosas promessas de trilhar o caminho elevado da justiça, e depois seguimos sem hesitar o reles caminho da injustiça. Essa estranha dicotomia, esse angustiante abismo entre o que deveria *ser* e o que *é*, representa o tema trágico da peregrinação do homem na Terra.

Mas na vida de Jesus descobrimos que esse abismo pode ser transposto. Nunca na história houve um exemplo mais sublime de coerência entre palavras e ações. Durante seu ministério nas aldeias ensolaradas da Galileia, Jesus falou apaixonadamente sobre o perdão. Essa estranha doutrina despertou a mente questionadora de Pedro, que perguntou: "Senhor, até quantas vezes o meu irmão pecará contra mim, e eu o perdoarei? Até sete vezes?". Pedro queria ser correto e estatístico. Mas Jesus respondeu afirmando que não há limite para o perdão. "Eu não te digo que até sete vezes; mas até setenta vezes sete."[12] Em outras palavras, o perdão não é uma questão de quantidade, mas de qualidade. Um homem não pode perdoar 490 vezes sem que o perdão se torne parte da estrutura dos hábitos de seu ser. O perdão não é um ato ocasional, é uma atitude permanente.

Jesus também advertiu seus seguidores a amar seus inimigos e a orar por aqueles que os tratavam com tanto desprezo. Esse ensinamento soou aos ouvidos de muitos dos que o escutavam como uma música estranha de uma terra estrangeira. Seus ouvidos não estavam sintonizados com as características tonais de um amor tão extraordinário. Eles foram ensinados a amar seus amigos e odiar seus inimigos. Suas vidas foram condicionadas a buscar reparação seguindo a honrosa tradição de retaliação daquela época. No entanto, Jesus lhes ensinou que somente por meio de um amor criativo por seus inimigos eles poderiam ser filhos de seu Pai do céu, e também que o amor e o perdão eram necessidades absolutas para a maturidade espiritual.

Eis que surge o momento da verdade. Cristo, o inocente Filho de Deus, é estendido em dolorosa agonia numa cruz erguida. Que lugar existe para o amor e o perdão agora? Como Jesus reagirá? O que vai dizer? A resposta a essas perguntas eclode em esplendor majestoso. Jesus levanta a cabeça coroada de espinhos e clama em palavras de proporções cósmicas: "Pai, perdoa-lhes, porque eles não sabem o que fazem". Esse foi o melhor momento de Jesus; foi a resposta celestial ao seu encontro com o destino terrestre.

Sentimos a grandeza dessa oração quando a comparamos com a natureza, que, aprisionada na finalidade a própria estrutura impessoal, não perdoa. Apesar dos apelos agonizantes dos homens colhidos pelos ventos de um furacão ou do grito angustiado do construtor caindo do andaime, a natureza expressa apenas uma indiferença fria, serena e desapaixonada. Ela deve honrar por toda a eternidade suas leis fixas e imutáveis. Quando essas leis são violadas, ela não

---

12   Mateus 18:22. (N. E.)

tem alternativa a não ser seguir inexoravelmente seu caminho de uniformidade. A natureza não perdoa e não pode perdoar.

Ou comparemos a oração de Jesus com a lentidão do homem para perdoar. Vivemos segundo a filosofia de que a vida é uma questão de se dar o troco e preservar a honra. Aquiescemos diante do altar da vingança. Sansão, sem olhos em Gaza, ora fervorosamente por seus inimigos — mas apenas por sua destruição total. A beleza potencial da vida humana costuma ser enfeada pelo canto da sempre recorrente retaliação do homem.

Ou comparemos a oração com uma sociedade que é ainda menos propensa a perdoar. A sociedade deve ter seus padrões, normas e costumes. Deve ter suas vigilâncias legais e restrições judiciais. Os que caem abaixo do padrão e os que desobedecem às leis costumam ser deixados num abismo escuro de condenação, sem esperança de uma segunda chance. Perguntem a uma jovem inocente que, em um momento de paixão irresistível, se torna mãe de um filho ilegítimo. Ela dirá que a sociedade demora a perdoar. Perguntem a um funcionário público que, em um momento de descuido, trai a confiança pública. Ele dirá que a sociedade demora a perdoar. Vão a qualquer prisão e perguntem aos detentos, que escreveram linhas vergonhosas nas páginas de suas vidas. Por trás das grades eles dirão que a sociedade demora a perdoar. Vão até o corredor da morte e falem com as vítimas trágicas da criminalidade. Enquanto se preparam para a miserável caminhada até a cadeira elétrica, seus gritos desesperançados são de que a sociedade não os perdoará. A pena de morte é a afirmação final de que a sociedade não perdoará.

Assim é o persistente enredo da vida mortal. Os oceanos da história são turbulentos por causa das sempre crescentes marés de vingança. O homem nunca se elevou acima da prescrição da *lex talionis:* "Vida por vida, olho por olho, dente por dente, mão por mão, pé por pé". Ainda que a lei da vingança não resolva problemas sociais, os homens continuam a seguir sua desastrosa orientação. A história está cheia de destroços de nações e indivíduos que seguiram esse caminho autodestrutivo.

Da cruz, Jesus afirmou eloquentemente uma lei superior. Ele sabia que a antiga filosofia do olho por olho deixaria todos cegos. Não procurou superar o mal com o mal. Superou o mal com o bem. Embora crucificado pelo ódio, respondeu com um amor combativo.

Que lição magnífica! Gerações vão ascender e tombar; os homens continuarão adorando o deus da vingança e se curvando diante do altar da retaliação; mas para todo o sempre essa nobre lição do Calvário será um persistente lembrete de que só a bondade pode eliminar o mal, e de que só o amor pode vencer o ódio.

II

Uma segunda lição nos vem da oração de Jesus na cruz. É uma expressão da consciência de Jesus quanto à cegueira intelectual e espiritual do homem. "Eles não sabem o que fazem", disse Jesus.[13] A cegueira era o problema deles; o esclarecimento era a necessidade. Devemos reconhecer que Jesus foi pregado na cruz não apenas pelo pecado, mas também pela cegueira. Os homens que gritaram "Crucifica-o"[14] não eram homens maus, mas homens cegos. A multidão zombeteira enfileirada à beira da estrada que levava ao Calvário era composta não de pessoas más, mas de pessoas cegas. Elas não sabiam o que faziam. Que tragédia!

A história reverbera com testemunhos dessa tragédia vergonhosa. Séculos atrás, um sábio chamado Sócrates foi forçado a beber cicuta. Os homens que desejavam sua morte não eram homens maus com sangue demoníaco correndo em suas veias. Ao contrário, eram cidadãos sinceros e respeitáveis da Grécia. Realmente pen-

---

13 Lucas 23:34. (N. E.)
14 Marcos 15:13-14, Lucas 23:21, João 19:15. (N. E.)

savam que Sócrates era ateu porque sua ideia de Deus tinha uma profundidade filosófica que ia além dos conceitos tradicionais. Não foi a maldade, mas a cegueira que matou Sócrates. Saulo não era um homem mal-intencionado quando perseguiu os cristãos. Era um devoto sincero e consciente da fé de Israel. Achava que estava certo. Perseguiu os cristãos não por ser desprovido de integridade, mas por ser desprovido de esclarecimento. Os cristãos que se envolveram em perseguições infames e inquisições vergonhosas não eram homens maus, mas homens equivocados. Os clérigos que consideravam ter um decreto de Deus para resistir ao progresso da ciência, fosse na forma de uma revolução copernicana, fosse na de uma teoria darwiniana da seleção natural, não eram homens maldosos, mas homens mal informados. E, assim, as palavras de Cristo na cruz são escritas em termos acurados em algumas das tragédias mais inexprimíveis da história: "Eles não sabem o que fazem".

Essa trágica cegueira se manifesta de muitas formas nefandas nos dias de hoje. Alguns homens ainda acreditam que a guerra é a resposta para os problemas do mundo. Eles não são pessoas más. Ao contrário, são cidadãos bons e respeitáveis, cujas ideias estão envoltas pelas vestes do patriotismo. Falam de provocações e de um equilíbrio do terror. Acreditam sinceramente que a continuidade da corrida armamentista acarretará consequências mais benéficas do que maléficas. Assim, clamam em tom ardoroso por bombas maiores, por grandes estoques de armas nucleares e mísseis balísticos mais velozes.

A sabedoria nascida da experiência deveria nos dizer que guerra é uma coisa obsoleta. Talvez tenha havido uma época em que a guerra serviu como um bem negativo para impedir a propagação e o crescimento de uma força do mal, mas o poder destrutivo das armas modernas elimina até mesmo a possibilidade de que uma guerra possa servir como um bem negativo. Se assumirmos que vale a pena viver e que o homem tem direito à sobrevivência, devemos encontrar uma alternativa à guerra. Em um momento em que veículos se lançam pelo espaço sideral e mísseis balísticos teleguiados abrem estradas da morte na estratosfera, nenhuma nação pode reivindicar vitória numa guerra. Uma chamada guerra limitada deixará pouco mais que um legado calamitoso de sofrimento humano, turbulência política e desilusão espiritual. Uma guerra mundial — que Deus nos livre! — deixará apenas cinzas fumegantes como um testemunho mudo de uma raça humana cuja loucura levou inexoravelmente a uma morte prematura. No entanto, existem aqueles que acreditam sinceramente que o desarmamento é um perigo e que a negociação internacional é uma abominável perda de tempo. Nosso mundo está ameaçado pela perspectiva sombria da aniquilação atômica, pois ainda há muitos que não sabem o que fazem.

Observem também como a verdade deste texto se revela nas relações raciais. A escravidão nos Estados Unidos foi perpetuada não apenas pela maldade humana, mas também pela cegueira humana. É verdade que a base causal do sistema de escravidão se deve em grande parte ao fator econômico. Os homens se convenceram de que um sistema que era tão lucrativo em termos econômicos deveria ser justificável do ponto de vista moral. Formularam elaboradas teorias de superioridade racial. Suas racionalizações impingiram erros óbvios nas belas vestes da justiça. Essa trágica tentativa de criar uma justificativa moral para um sistema economicamente rentável deu origem à doutrina da supremacia branca. A religião e a Bíblia foram citadas para cristalizar o status quo. A ciência foi evocada para provar a inferioridade biológica do negro. Até a lógica filosófica foi manipulada para dar credibilidade intelectual ao sistema de escravidão. Alguém formulou o argumento da inferioridade do negro de acordo com a estrutura de um silogismo aristotélico:

> *Todos os homens são feitos à imagem de Deus;*
> *Deus, como todos sabem, não é um negro;*
> *Portanto, o negro não é um homem.*

Assim, os homens distorceram, conforme as próprias conveniências, as ideias da religião, da ciência e da filosofia para sancionar a doutrina da supremacia branca. Essa ideia foi logo incorporada em todos os livros didáticos e pregada em quase todos os púlpitos. Tornou-se uma parte estruturada da cultura. E os homens adotaram essa filosofia — não como a racionalização de uma mentira, mas como a expressão de uma verdade final. Chegaram a acreditar sinceramente que o negro era inferior por natureza e que a escravidão fora ordenada por Deus. Em 1857, o sistema de escravidão recebeu seu maior apoio jurídico pelas deliberações da Suprema Corte dos Estados Unidos na decisão do caso de Dred Scott. A Corte afirmou que o negro não tinha direitos que o homem branco devesse respeitar. Os juízes que tomaram essa decisão não eram homens maus. Ao contrário, eram homens decentes e dedicados. Mas foram vítimas de uma cegueira espiritual e intelectual. Não sabiam o que faziam. Todo o sistema de escravidão foi basicamente perpetuado por pessoas sinceras, ainda que ignorantes do ponto de vista espiritual.

Essa trágica cegueira também é encontrada na segregação racial, a prima não muito distante da escravidão. Alguns dos mais vigorosos defensores da segregação são sinceros em suas convicções e zelosos em seus motivos. Embora alguns homens sejam segregacionistas apenas por razões de conveniência política e ganhos econômicos, nem toda a resistência à integração está na retaguarda dos fanáticos profissionais. Algumas pessoas acham que suas tentativas de preservar a segregação são melhores para elas, para seus filhos e seu país. Muitos são bons membros da igreja, ancorados pela fé religiosa de suas mães e pais. Pressionados a oferecer uma justificativa religiosa por sua convicção, eles até argumentarão que Deus foi o primeiro segregacionista. "Pássaros vermelhos e azuis não voam juntos", afirmam. Insistem em dizer que suas opiniões sobre segregação podem ser racionalmente explicadas e moralmente justificadas. Pressionados a justificar sua convicção quanto à inferioridade do negro, recorrem a alguns textos pseudocientíficos e argumentam que o cérebro do negro é menor que o do homem branco. Eles não sabem, ou se recusam a saber, que a ideia de uma raça inferior ou superior foi refutada pelas melhores evidências da ciência da antropologia. Grandes antropólogos, como Ruth Benedict, Margaret Mead e Melville J. Herskovits, concordam que, embora possa haver indivíduos inferiores e superiores em todas as raças, não existe uma raça superior ou inferior. E os segregacionistas se recusam a reconhecer que a ciência demonstrou a existência de quatro tipos sanguíneos, e atestou que esses quatro tipos são encontrados em todos os grupos raciais. Eles acreditam cegamente na eterna validade de um mal chamado segregação e na verdade atemporal de um mito chamado supremacia branca. Que tragédia! Milhões de negros foram crucificados por uma cegueira conscienciosa. Com Jesus na cruz, devemos olhar para nossos opressores com amor e dizer: "Pai, perdoa-lhes, porque eles não sabem o que fazem".

III

Com base em tudo o que tentei dizer, agora deve ficar claro que sinceridade e consciência em si não são suficientes. A história provou que essas nobres virtudes podem degenerar em vícios trágicos. Nada no mundo é mais perigoso que a ignorância sincera e a estupidez conscienciosa. Shakespeare escreveu:

> *Pois o mais doce se torna amargo por seus feitos;*
> *Lírios mais fétidos do que as ervas daninhas.*

Como principal guardiã moral da comunidade, a Igreja deve implorar aos homens que sejam bons e bem-intencionados e exaltar as virtudes da bondade e da consciência. Mas, a certa altura do caminho, a Igreja deve lembrar aos homens que, sem inteligência, bondade e consciência, eles se tornarão forças brutais que resultam em crucificações vergonhosas. A Igreja nunca deve se cansar de lembrar que os homens têm a responsabilidade moral de serem inteligentes.

Não devemos admitir que a Igreja muitas vezes negligenciou essa demanda moral por esclarecimento? Às vezes, fala-se da ignorância como se fosse uma virtude e da inteligência como se fosse um crime. Com seu obscurantismo, estreiteza mental e resistência à nova verdade, a Igreja muitas vezes incentivou inconscientemente seus fiéis a desconfiar da inteligência.

Mas, se quisermos nos chamar de cristãos, é melhor evitar a cegueira intelectual e moral. Todas as páginas do Novo Testamento nos lembram da necessidade do esclarecimento. Somos ordenados a amar Deus, não apenas com nosso coração e alma, mas também com nossa mente. Quando percebeu a cegueira de tantos de seus oponentes, o apóstolo Paulo disse: "Porque eu lhes dou testemunho de que eles têm zelo de Deus, mas não segundo o conhecimento". Mais de uma vez a Bíblia nos lembra do perigo de zelo sem conhecimento, e de sinceridade sem inteligência.

Portanto, temos um mandato para vencer o pecado e também a ignorância. Atualmente, o homem moderno vem tendo um encontro com o caos, não apenas por causa da maldade humana, mas também por causa da estupidez humana. Se a civilização ocidental continuar se degenerando até que, como 24 de seus predecessores, caia irremediavelmente em um vazio sem fundo, a causa será não apenas seus inegáveis pecados, mas também sua terrível cegueira. E, se a democracia americana se desintegrar pouco a pouco, isso se deverá tanto à falta de discernimento quanto à falta de compromisso com o direito. Se o homem moderno continuar flertando de maneira resoluta com a guerra e acabar transformando seu habitat terrestre em um inferno que nem a mente de Dante poderia imaginar, isso resultará de pura maldade e também de pura estupidez.

"Eles não sabem o que fazem", disse Jesus. A cegueira era o problema que os afligia. E o âmago da questão está aqui: nós precisamos ser cegos. Diferentemente da cegueira física, que em geral é imposta aos indivíduos como resultado de forças naturais além de seu controle, a cegueira intelectual e moral é um dilema que o homem inflige a si próprio por seu trágico mau uso da liberdade e por seu fracasso em utilizar o máximo de sua capacidade mental. Um dia aprenderemos que o coração nunca poderá estar totalmente certo se a cabeça estiver totalmente errada. Só com a união da cabeça e do coração — inteligência e bondade — o homem se elevará para realizar sua verdadeira natureza. Isso não quer dizer que é preciso ser filósofo ou ter uma extensa formação acadêmica para chegar a uma boa vida. Conheço muitas pessoas de instrução formal limitada com uma visão e uma inteligência impressionantes. O apelo à inteligência é um apelo à mente aberta, ao bom senso e ao amor pela verdade. É um apelo para que os homens superem a estagnação da mente fechada e a paralisia da credulidade. Não é preciso ser um estudioso brilhante para ter a mente aberta, nem um acadêmico arguto para se engajar numa busca assídua pela verdade.

A luz veio ao mundo. Uma voz clamando no panorama temporal chama os homens a andar na luz. A vida terrena do homem se tornará uma trágica elegia cósmica se ele não atender a esse chamado. João disse: "E a condenação é esta: Que a luz veio ao mundo, e os homens amaram mais as trevas do que a luz".

Jesus estava certo sobre os homens que o crucificaram. Eles não sabiam o que faziam. Foram vítimas de uma terrível cegueira.

Todas as vezes que olho para a cruz, sou lembrado da grandeza de Deus e do poder redentor de Jesus Cristo. Sou lembrado da beleza do amor sacrificial e da majestade da inabalável devoção à verdade. Isso me faz dizer, com John Bowring:

> *In the cross of Christ I glory,*
> *Towering o'er the wrecks of time;*
> *All the light of sacred story*
> *Gathers round its head sublime.*[15]

Seria maravilhoso se eu olhasse para a cruz e sentisse apenas uma reação tão sublime. Mas de alguma forma nunca consigo desviar os olhos dessa cruz sem também perceber que ela simboliza uma estranha mistura de grandeza e pequenez, do bem e do mal. Ao contemplar essa cruz elevada, sou lembrado não apenas do poder ilimitado de Deus, mas também da fraqueza sórdida do homem. Penso não apenas no esplendor do divino, mas também no amargor do ser humano. Sou lembrado não somente de Cristo no seu melhor momento, mas do homem no seu pior.

Devemos ver a cruz como o símbolo magnificente do amor conquistando o ódio e da luz superando as trevas. Porém, em meio a essa afirmação fulgurante, nunca devemos esquecer que nosso Senhor e Mestre foi pregado nessa cruz por causa da cegueira humana. Os que o crucificaram não sabiam o que faziam.

---

15 Em tradução livre: "Na cruz de Cristo eu glorifico, / Elevando-se sobre os destroços do tempo; / Toda a luz da história sagrada / Reunida em torno de sua cabeça sublime". (N.T.)

CINCO

AMAR SEUS INIMIGOS

*Ouvistes que foi dito: Amarás o teu próximo, e odiarás o teu
inimigo. Eu, porém, vos digo: Amai os vossos inimigos, abençoai
os que vos amaldiçoam, fazei o bem aos que vos odeiam, e
orai pelos que vos tratam com maldade, e vos perseguem;
para que sejais filhos do vosso Pai que está nos céus.*

Mateus 5:43-45

É provável que nenhuma advertência de Jesus tenha sido mais difícil de seguir do que o mandamento de "amar seus inimigos". Alguns homens acreditam sinceramente que essa prática na verdade não é possível. Dizem que é fácil amar aqueles que nos amam, mas como alguém pode amar aqueles que, de maneira aberta e insidiosa, querem nos derrotar? Outros, como o filósofo Nietzsche, afirmam que a exortação de Jesus a amar os inimigos é um testemunho do fato de a ética cristã ser projetada para os fracos e covardes, e não para os fortes e corajosos. Jesus, dizem, era de um idealismo impraticável.

Apesar dessas perguntas insistentes e objeções persistentes, o mandamento de Jesus nos desafia com uma nova urgência. As sublevações que se sucedem nos lembram que o homem moderno está viajando por uma estrada chamada ódio, em uma jornada que nos levará à destruição e à condenação. Longe de ser a piedosa injunção de um sonhador utópico, o mandamento de amar o inimigo é uma necessidade absoluta para nossa sobrevivência. Amar até mesmo os inimigos é a chave para a solução dos problemas do nosso mundo. Jesus não é de um idealismo impraticável, mas de um realismo prático.

Estou certo de que Jesus entendeu a dificuldade inerente ao ato de amar o inimigo. Ele nunca se juntou às fileiras dos que falam levianamente sobre a facilidade da vida moral. Entendeu que todas as manifestações genuínas de amor resultam de uma entrega consistente e total a Deus. Então, quando Jesus disse

"Amai os vossos inimigos",[16] ele não ignorava as dificuldades dessa prática. Mesmo assim, quis dizer exatamente o que disse. Nossa responsabilidade como cristãos é descobrir o significado desse mandamento e tentar vivê-lo apaixonadamente na nossa vida diária.

---

16 Mateus 5:44. (N. E.)

I

Sejamos práticos e nos perguntemos: como amar nossos inimigos?

Primeiro, devemos desenvolver e manter a capacidade de perdoar. Aquele que é desprovido do poder de perdoar é desprovido do poder de amar. Chega a ser impossível sequer iniciar o ato de amar os inimigos sem a prévia aceitação da necessidade de perdoar, muitas e muitas vezes, aqueles que nos infligem males e injúrias. Também é preciso perceber que o ato de perdoar deve sempre partir da pessoa que foi enganada, sofreu alguma grande mágoa, foi vítima de alguma tortuosa injustiça, alvo de algum terrível ato de opressão. O transgressor pode pedir perdão. Pode cair em si e, como o filho pródigo, percorrer uma estrada poeirenta, com o coração palpitando pelo desejo de perdão. Mas apenas o próximo-ferido, o pai amoroso em casa, pode realmente despejar as águas tépidas do perdão.

Perdoar não significa ignorar o que foi feito ou aplicar um rótulo falso em um ato maligno. Significa que o ato maligno deixou de ser uma barreira para o relacionamento. O perdão é um catalisador que cria a atmosfera necessária para um reinício, um novo começo. É a eliminação de um fardo ou o cancelamento de uma dívida. As palavras "Eu vou perdoá-lo, mas nunca esquecerei o que você fez" não explicam a verdadeira natureza do perdão. Com certeza não é possível esquecer, no sentido de apagar por completo o ato de sua mente. Mas, quando perdoamos, esquecemos, no sentido de o ato maldoso deixar de ser um bloqueio mental que impede um novo relacionamento. Da mesma forma, não podemos jamais dizer: "Eu vou perdoá-lo, mas não quero ter mais nada a ver com você". Perdão significa reconciliação, uma nova reunião. Sem isso, nenhum homem pode amar seus inimigos. O grau em que somos capazes de perdoar determina o grau em que somos capazes de amar nossos inimigos.

Segundo, devemos reconhecer que a ação maligna do próximo-inimigo, a coisa que magoou, nunca expressa tudo o que ele é. Um elemento de bondade pode ser encontrado até no nosso pior inimigo. Cada um de nós é uma espécie de personalidade esquizofrênica, tragicamente dividida contra nós mesmos. Uma persistente guerra civil em toda a nossa vida. Alguma coisa dentro de nós nos faz lamentar como Ovídio, o poeta latino, "Vejo e aprovo as coisas melhores, mas sigo a pior", ou concordar com Platão, para quem a personalidade humana é como um cocheiro com dois cavalos teimosos, cada um querendo ir numa direção diferente, ou repetir com o apóstolo Paulo: "Porque o bem que eu quero fazer, não faço, mas o mal que não quero fazer, esse eu faço".

Isso significa simplesmente que há algo de bom nos piores de nós e algo de mau nos melhores de nós. Quando descobrimos isso, nós nos tornamos menos propensos a odiar nossos inimigos. Ao olharmos abaixo da superfície, abaixo dos atos maldosos impulsivos, vemos dentro de nosso próximo-inimigo uma medida de bondade, e sabemos que a crueldade e a maldade de seus atos não são representativas de tudo o que ele é. Nós o vemos sob uma nova luz. Reconhecemos que seu ódio se origina do medo, do orgulho, da ignorância, do preconceito e de mal-entendidos, mas, apesar disso, sabemos que a imagem de Deus está gravada inefavelmente em seu ser. Assim, amamos nossos inimigos ao perceber que eles não são de todo ruins e que não estão além do alcance do amor redentor de Deus.

Terceiro, não devemos querer derrotar ou humilhar o inimigo, mas conquistar sua amizade e entendimento. Às vezes somos capazes de humilhar nosso pior inimigo. Inevitavelmente, ele terá seus momentos de fraqueza, e seremos capazes de trespassá-lo com a lança da derrota. Mas não devemos fazer isso. Todas as palavras e ações devem contribuir para a compreensão do inimigo e liberar os vastos reservatórios de boa vontade que foram bloqueados por impenetráveis paredes de ódio.

O significado do amor não deve ser confundido com transbordamentos sentimentais. O amor é algo muito mais profundo do que uma tolice emocional. Talvez a língua grega possa esclarecer nossa confusão nessa questão. No Novo Testamento em grego, há três palavras para amor. A palavra *eros* é uma espécie de amor estético ou romântico. Nos diálogos de Platão, *eros* é um anseio da alma pelo reino do divino. A segunda palavra é *philia*, um amor recíproco e uma afeição e amizade entre amigos íntimos. Amamos aqueles de quem gostamos, e amamos porque somos amados. A terceira palavra é *ágape*, compreensão e criatividade, uma boa vontade redentora para todos os homens. Amor transbordante que nada busca em troca, *ágape* é o amor de Deus operando no coração humano. Nesse nível, amamos os homens não porque gostamos deles, nem porque seus modos nos atraem, nem mesmo porque eles tenham algum tipo de centelha divina; amamos todo homem porque Deus o ama. Nesse nível, podemos amar alguém que pratique uma má ação, apesar de odiarmos a ação praticada.

Agora podemos ver o que Jesus quis dizer quando apregoou: "Amai os vossos inimigos". Deveríamos estar felizes por ele não ter dito "Gostai de vossos inimigos". É quase impossível gostar de algumas pessoas. "Gostar" é uma palavra sentimental e afetuosa. Como podemos sentir afeto por alguém cujo objetivo declarado é destruir nosso ser e colocar inúmeros obstáculos em nosso caminho? Como podemos gostar de alguém que ameaça nossos filhos e joga bombas nas nossas casas? Isso é impossível. Mas Jesus reconheceu que *amar* é mais do que *gostar*. Quando nos ordena que amemos nossos inimigos, Jesus não está falando nem de *eros* nem de *philia;* está falando de *ágape*, compreensão e boa vontade criativa redentora de todos os homens. Somente seguindo esse caminho e respondendo com esse tipo de amor, somos capazes de ser filhos de nosso Pai que está no céu.

II

Passemos agora do prático *como* ao teórico *por quê: por que devemos amar nossos inimigos?* A primeira razão é bem óbvia. Retribuir ódio com ódio multiplica o ódio, acrescentando uma escuridão mais profunda a uma noite já desprovida de estrelas. A escuridão não pode expulsar a escuridão; só a luz pode fazer isso. O ódio não pode expulsar o ódio; só o amor pode fazer isso. O ódio multiplica o ódio, a violência multiplica a violência, e a resistência multiplica a resistência numa espiral descendente de destruição. Então, quando Jesus diz "Amai os vossos inimigos",[17] ele está fazendo uma advertência profunda e, em última análise, inescapável. Será que já não chegamos a um impasse tão grande no mundo moderno que é preciso amar nossos inimigos, senão...? A reação em cadeia do mal — ódio gerando ódio, guerras produzindo mais guerras — deve ser rompida, ou seremos mergulhados no abismo escuro da aniquilação.

Outra razão pela qual devemos amar nossos inimigos é que o ódio deixa cicatrizes na alma e distorce a personalidade. Conscientes de que o ódio é uma força perversa e perigosa, muitas vezes pensamos no que ele faz com a pessoa odiada. Isso é compreensível, pois o ódio traz danos irreparáveis às suas vítimas. Vimos suas horríveis consequências nas mortes ignominiosas de 6 milhões de judeus nas mãos de um louco chamado Hitler, obcecado pelo ódio; na violência indescritível infligida aos negros por turbas sedentas de sangue; nos horrores sombrios da guerra e nas terríveis indignidades e injustiças perpetradas contra milhões de filhos de Deus por opressores inescrupulosos.

Mas há outro lado que nunca devemos esquecer. O ódio é muito prejudicial para a pessoa que odeia. Como um câncer não controlado, o ódio corrói a personalidade e destrói sua unidade vital.

---

[17] Mateus 5:44. (N. T.)

O ódio destrói o senso de valores de um homem e sua objetividade. Faz com que ele descreva o belo como feio e o feio como belo, e confunda o verdadeiro com o falso e o falso com o verdadeiro.

O dr. E. Franklin Frazier, em um interessante ensaio intitulado "The Pathology of Race Prejudice" [A patologia do preconceito racial], incluiu vários exemplos de pessoas brancas que eram naturais, amistosas e simpáticas em seus relacionamentos diários com outros brancos, mas, quando desafiadas a pensar nas pessoas de cor como iguais, ou mesmo a discutir a questão da injustiça racial, reagiam com uma irracionalidade inacreditável e com um desequilíbrio anormal. Isso acontece quando o ódio paira em nossa mente. Os psiquiatras relatam que muitas das coisas estranhas que acontecem no subconsciente, muitos de nossos conflitos internos, estão enraizadas no ódio. Elas dizem: "Ame ou pereça". A psicologia moderna reconhece o que Jesus ensinou séculos atrás: o ódio divide a personalidade, e o amor a une de uma forma chocante e inexorável.

Uma terceira razão pela qual devemos amar nossos inimigos é porque o amor é a única força capaz de transformar um inimigo em amigo. Nunca nos livramos de um inimigo contrapondo o ódio com ódio; nós nos livramos de um inimigo livrando-nos da inimizade. Pela própria natureza, o ódio destrói e derruba; pela própria natureza, o amor cria e edifica. O amor transforma com seu poder redentor.

Lincoln experimentou o amor e deixou para toda a história um magnífico drama de reconciliação. Quando estava em campanha pela presidência, um de seus arqui-inimigos era um homem chamado Stanton. Por alguma razão, Stanton odiava Lincoln. Usou toda sua energia para degradá-lo aos olhos do público. O ódio por Lincoln estava tão profundamente enraizado que Stanton proferiu palavras cruéis sobre sua aparência física e procurou constrangê-lo em todos os momentos com as mais amargas diatribes. Apesar disso, Lincoln foi eleito presidente dos Estados Unidos. Então chegou o momento em que ele teve de escolher seu gabinete, que consistiria nas pessoas que seriam seus assessores mais íntimos na implementação de seu programa. Começou a escolher homens aqui e ali para as várias secretarias. Finalmente chegou o dia de Lincoln escolher um homem para ocupar o importantíssimo cargo de Secretário de Guerra. Você pode imaginar quem Lincoln escolheu para preencher esse cargo? Ninguém menos que o homem chamado Stanton. Houve uma sublevação imediata no círculo interno quando as notícias começaram a ser divulgadas. Ouviram-se assessores e mais assessores dizendo: "Senhor presidente, o senhor está cometendo um erro. O senhor conhece esse homem, Stanton? Ficou sabendo de todas as coisas horríveis que disse sobre o senhor? Ele é seu inimigo. Tentará sabotar seu programa. Já pensou bem sobre isso, senhor presidente?". A resposta de Lincoln foi concisa e direta: "Sim, eu conheço o sr. Stanton. Estou ciente de todas as coisas terríveis que falou sobre mim. Mas, após analisar o país, acho que ele é o melhor homem para o trabalho". Depois disso, Stanton se tornou Secretário de Guerra de Abraham Lincoln e prestou um serviço inestimável ao país e a seu presidente. Poucos anos mais tarde, Lincoln foi assassinado. Muitas coisas louváveis foram ditas sobre ele. Até hoje milhões de pessoas ainda o adoram como o maior de todos os americanos. H. G. Wells o selecionou como um dos seis grandes homens da história. Mas, de todas as principais declarações feitas sobre Abraham Lincoln, as palavras de Stanton permanecem entre as mais notáveis. De pé ao lado do cadáver do homem que ele outrora odiava, Stanton se referiu a Lincoln como um dos maiores homens que já viveram e disse que "ele agora pertence às eras". Se Lincoln odiasse Stanton, os dois teriam ido para o túmulo como inimigos ferrenhos. Mas, com o poder do amor, Lincoln transformou um inimigo em amigo. Foi essa mesma atitude que tornou possível a Lincoln dizer uma palavra gentil sobre o Sul durante a Guerra Civil, um momento em que os sentimentos estavam mais amargos. Quando uma espectadora em choque lhe indagou como ele poderia fazer isso, Lincoln respondeu: "Senhora, eu não destruo meus inimigos quando os faço meus amigos?". Esse é o poder do amor redentor.

Devemos nos apressar em dizer que essas não são as razões finais pelas quais devemos amar nossos inimigos. Uma razão ainda mais básica pela qual somos ordenados a amar é expressa explicitamente nas palavras de Jesus: "Amai os vossos inimigos [...] para que sejais filhos do vosso Pai que está nos céus".[18] Somos conclamados a essa difícil tarefa a fim de estabelecer um relacionamento único com Deus. Somos potenciais filhos de Deus. Por meio do amor, esse potencial se torna realidade. Devemos amar nossos inimigos porque somente os amando podemos conhecer a Deus e vivenciar a beleza de sua santidade.

A relevância do que eu disse para a crise nas relações raciais deveria ser prontamente aparente. Não haverá solução permanente para o problema racial enquanto homens oprimidos não desenvolverem a capacidade de amar seus inimigos. A escuridão da injustiça racial só será dissipada pela luz do amor que perdoa. Há mais de três séculos os negros americanos vêm sendo espancados pela barra de ferro da opressão, frustrados de dia e confundidos à noite por uma injustiça insuportável, e sobrecarregados com o horrível peso da discriminação. Obrigados a viver sob essas condições vergonhosas, somos tentados a nos sentir ressentidos e a retaliar com um ódio correspondente. Mas, se isso acontecer, a nova ordem que procuramos será pouco mais que uma reprodução da ordem antiga. Devemos, com força e humildade, combater o ódio com o amor.

Claro que isso não é *prático*. A vida é uma questão de ficar quite, de revidar, de cão comendo cão. Estou dizendo que Jesus nos ordena a amar aqueles que nos ferem e nos oprimem? Estou falando como a maioria dos pregadores — de algo idealista e impraticável?

---

18 Mateus 5:44-45. (N. T.)

Vocês podem dizer que talvez, em alguma utopia distante, essa ideia funcione, mas não no mundo frio e cruel em que vivemos.

Meus amigos, nós temos seguido o chamado caminho prático há muito tempo, e isso levou implacavelmente a uma confusão e a um caos mais profundos. A história está repleta de destroços de comunidades que cederam ao ódio e à violência. Para a salvação de nossa nação e a salvação da humanidade, devemos seguir outro caminho. Isso não significa abandonarmos nossos justos esforços. Devemos usar cada grama da nossa energia para continuar a livrar esta nação do íncubo da segregação. Mas nesse processo não podemos abandonar nosso privilégio e nossa obrigação de amar. Apesar de abominarmos a segregação, amaremos o segregacionista. Essa é a única maneira de criar a comunidade amada.

Aos nossos adversários mais ferrenhos, diremos: "Enfrentaremos sua capacidade de infligir sofrimento com nossa capacidade de suportar sofrimento. Enfrentaremos sua força física com força da alma. Façam conosco o que quiserem, mas nós continuaremos a amá-los. Não podemos em sã consciência obedecer às suas leis injustas, porque a não cooperação com o mal é tanto uma obrigação moral quanto a cooperação com o bem. Joguem-nos na cadeia, e nós ainda os amaremos. Enviem seus arautos encapuzados da violência à nossa comunidade no meio da noite, espanquem-nos até nos deixar quase mortos, e nós ainda os amaremos. Mas tenham a certeza de que iremos exasperá-los com nossa capacidade de sofrer. Um dia conquistaremos a liberdade, mas não apenas para nós mesmos. Apelaremos tanto para seus corações e sua consciência que vocês serão derrotados no processo, e nossa vitória será uma dupla vitória".

O amor é o poder mais duradouro do mundo. Essa força criativa, tão maravilhosamente exemplificada na vida de nosso Cristo, é o instrumento mais potente disponível na busca da humanidade por paz e segurança. Consta que Napoleão Bonaparte, o grande gênio militar, ao rememorar seus anos de conquista, teria dito: "Alexandre, César,

Carlos Magno e eu construímos enormes impérios. Mas do que eles dependiam? Dependiam da força. Mas séculos atrás Jesus começou um império que foi construído sobre o amor, e até hoje milhões ainda morrem por ele". Quem pode duvidar da veracidade dessas palavras? Os grandes líderes militares do passado se foram, seus impérios desmoronaram e se transformaram em cinzas. Mas o império de Jesus, construído sólida e majestosamente sobre o fundamento do amor, continua crescendo. Tudo começou com um pequeno grupo de homens dedicados que, por inspiração de seu Senhor, conseguiram estremecer as dobradiças dos portões do Império Romano e divulgar o evangelho no mundo inteiro. Hoje o vasto reino de Cristo na Terra conta com mais de 900 milhões de seguidores e abrange todos os territórios e tribos. E hoje ouvimos mais uma vez a promessa da vitória:

> *Jesus reinará onde o sol estiver*
> *Suas sucessivas viagens prosseguem;*
> *Seu reino se estende de costa a costa,*
> *Até a lua não mais crescer e minguar.*

Outro coro responde com alegria:

> *Em Cristo não existe Oriente ou Ocidente,*
> *Não há nele um Sul ou um Norte,*
> *Mas sim uma grande Irmandade de Amor*
> *Por toda a imensidão da terra.*

Jesus está eternamente certo. A história está repleta de esqueletos desbotados de nações que se recusaram a ouvi-lo. Possamos nós no século XX ouvir e seguir suas palavras — antes que seja tarde demais. Possamos nós compreender solenemente que nunca seremos verdadeiros filhos do nosso Pai celestial enquanto não amarmos nossos inimigos e orarmos por aqueles que nos perseguem.

SEIS

UMA BATIDA NA PORTA À MEIA-NOITE

Qual de vós terá um amigo, e for procurá-lo à meia-noite, e lhe disser: Amigo, empresta-me três pães, pois um amigo meu chegou a mim de viagem, e eu não tenho nada para pôr diante dele.

Lucas 11:5-6

Embora essa parábola se refira ao poder da oração persistente, ela também pode servir como base para pensarmos sobre problemas contemporâneos e o papel da Igreja em lidar com eles. É meia-noite na parábola; também é meia-noite no nosso mundo, e a escuridão é tão profunda que mal podemos ver para que lado virar.

I

É meia-noite na ordem social. No horizonte internacional, as nações estão envolvidas em uma disputa colossal e amarga pela supremacia. Duas guerras mundiais foram travadas no intervalo de uma geração, e as nuvens de outra guerra estão perigosamente baixas. O homem agora tem armas atômicas e nucleares que em segundos poderiam destruir por completo as principais cidades do mundo. Mesmo assim a corrida armamentista continua, e os testes nucleares ainda explodem na atmosfera, com a perspectiva sombria de que o próprio ar que respiramos seja envenenado por precipitações radioativas. Essas circunstâncias e armas resultarão na aniquilação da raça humana?

Quando confrontados à meia-noite na ordem social, no passado nos voltamos para a ciência. E que maravilha! Em várias ocasiões ela nos salvou. Quando estávamos na meia-noite da limitação física e dos inconvenientes materiais, a ciência nos elevou à manhã brilhante do conforto físico e material. Quando estávamos na meia-noite da ignorância paralisante e da superstição, a ciência nos levou à alvorada da mente livre e aberta. Quando estávamos na meia-noite de pestes e doenças pavorosas, a ciência, por meio da cirurgia, do saneamento e de medicamentos maravilhosos, anunciou o dia brilhante da saúde física, prolongando assim nossa vida e aumentando nossa segurança e nosso bem-estar físico. Como é natural nos voltarmos para a ciência em um dia em que os problemas do mundo são tão medonhos e ameaçadores.

Mas ai de nós! A ciência agora não pode nos resgatar, pois até os cientistas estão perdidos na terrível meia-noite de nossa era. Na verdade, foi a ciência que nos deu os instrumentos que ameaçam provocar o suicídio universal. Assim, o homem moderno enfrenta uma meia-noite lúgubre e assustadora na ordem social.

Essa meia-noite na vida exterior coletiva do homem é paralela à meia-noite na vida interior individual. É meia-noite na ordem psicológica. Em toda parte, temores paralisantes atormentam as pessoas de dia e as assombram à noite. Nuvens densas de ansiedade e depressão estão suspensas no nosso céu mental. Hoje há mais pessoas emocionalmente perturbadas do que em qualquer outro momento da história da humanidade. As alas de nossos hospitais reservadas para psicopatas estão lotadas, e os psicólogos mais populares da atualidade são os psicanalistas. Os livros mais vendidos sobre psicologia são títulos como *Eros e Tânatos: o homem contra si próprio*, *A personalidade neurótica de nosso tempo* e *Modern Man in Search of a Soul* [O homem moderno em busca de uma alma]. Os mais vendidos sobre religião são livros como *Paz do espírito* e *Angústia e paz*. Os clérigos mais populares pregam sermões tranquilizadores sobre "Como ser feliz" e "Como relaxar". Alguns foram tentados a revisar o mandamento de Jesus para dizer: "Ide pelo mundo todo, reduzi a pressão sanguínea, e eis que farei de vós uma personalidade bem ajustada". Tudo isso é indicativo de que é meia-noite na vida interior de homens e mulheres.

Também é meia-noite na ordem moral. À meia-noite as cores perdem suas distinções e se convertem em um tom sombrio de cinza. Os princípios morais perderam sua distinção. Para o homem moderno, o absolutamente certo e o absolutamente errado variam conforme o que a maioria estiver fazendo. O certo e o errado são relativos ao que agrada e ao que desagrada determinada comunidade, bem como a seus costumes. De maneira inconsciente, aplicamos a teoria da relatividade de Einstein — que descreveu adequadamente o universo físico — ao âmbito moral e ético.

Meia-noite é a hora em que os homens procuram desesperadamente obedecer ao décimo primeiro mandamento: "Não serás apanhado". Segundo a ética da meia-noite, o pecado capital é ser apanhado, e a maior virtude é conseguir se safar. Não tem importância mentir, mas é preciso mentir com muita finura. Não tem importância roubar, se a pessoa for tão ilustre que, uma vez apanhada, é acusada de peculato, não de roubo. É permitido até odiar, desde que esse ódio esteja de tal forma disfarçado de amor que odiar pareça ser algo amoroso. O conceito darwiniano de sobrevivência dos mais aptos foi substituído por uma filosofia de sobrevivência dos mais ardilosos. Essa mentalidade resultou num rompimento trágico dos padrões morais, e a meia-noite da degeneração moral se aprofunda.

II

Assim como na parábola, no nosso mundo de hoje a profunda escuridão da meia-noite é interrompida pelo som de alguém batendo à porta. Milhões de pessoas batem à porta da Igreja. Neste país, o rol de membros da Igreja está maior do que nunca. Mais de 115 milhões de pessoas são, pelo menos no papel, membros de alguma igreja ou sinagoga. Isso representa um crescimento de 100% desde 1929, embora a população tenha aumentado somente 31%.

Os que visitam a Rússia soviética, cuja política oficial é ateísta, relatam não apenas que as igrejas daquele país estão lotadas, mas que a frequência continua a crescer. Harrison Salisbury, em artigo no *The New York Times*, afirma que as autoridades comunistas estão preocupadas com tantos jovens demonstrando um interesse cada vez maior pela igreja e pela religião. Após quarenta anos dos mais vigorosos esforços para suprimir a religião, a hierarquia do Partido Comunista agora enfrenta o fato inevitável de que milhões de pessoas estão batendo na porta da Igreja.

Esse crescimento numérico não deve ser enfatizado demais. Não devemos ser tentados a confundir poder espiritual com grandes números. O gigantismo, como já foi chamado, é um padrão totalmente falacioso para medir o poder positivo. Um aumento da quantidade não implica um aumento automático da qualidade. Uma associação maior não representa necessariamente um maior compromisso com Cristo. Quase sempre foi uma minoria criativa e dedicada que tornou o mundo melhor. Mas, ainda que o crescimento numérico de membros da Igreja não reflita necessariamente um aumento concomitante do compromisso ético, milhões de pessoas acreditam que a Igreja fornece uma resposta para a profunda confusão que envolve suas vidas. Continua sendo o refúgio conhecido que o exausto viajante procura à meia-noite. É a única casa que continua onde sempre esteve, a casa à qual o homem que viaja à meia-noite vem ou se recusa a vir. Alguns decidem não vir. Mas muitos dos que vêm e batem na porta estão desesperados, em busca de um pouco de pão para animá-los.

O viajante pede três pães. Ele quer o pão da fé. Em uma geração com tantas desilusões colossais, os homens perderam a fé em Deus, a fé no homem e a fé no futuro. Muitos pensam como William Wilberforce, que em 1801 disse: "Não ouso me casar — o futuro é tão instável", ou como William Pitt, que em 1806 declarou: "Quase não há nada à nossa volta além de ruína e desespero". Em meio a uma desilusão espantosa, muitos clamam pelo pão da fé.

Há também um grande anseio pelo pão da esperança. Nos primeiros anos deste século, muitas pessoas não tinham fome desse pão. Os tempos dos primeiros telefones, automóveis e aviões produziram um otimismo radiante. Eles veneravam o santuário do progresso inevitável. Acreditavam que toda nova conquista científica elevava o homem a níveis mais altos de perfeição. Mas logo uma série de desenvolvimentos trágicos, revelando o egoísmo e a corrupção do homem, ilustrou com assustadora clareza a verdade do ditame de Lord Acton: "O poder tende a corromper, e o poder absoluto corrompe absolutamente". Essa terrível descoberta levou a uma das mais colossais rupturas do otimismo da história. Para inúmeras pessoas, jovens e velhas, a luz da esperança se apagou, e elas passaram a vagar desanimadas pelas câmaras escuras do pessimismo. Muitos concluíram que a vida não tem sentido. Alguns concordaram com o filósofo Schopenhauer, para quem a vida é uma dor sem fim, com um fim doloroso, e para quem a vida é uma tragicomédia repetida várias vezes, apenas com pequenas mudanças no figurino e no cenário. Outros clamaram, concordando com Macbeth de Shakespeare, que a vida

> *é uma história contada por um idiota,*
> *Cheia de som e de fúria,*
> *Sem sentido algum.*

Mas, mesmo nos momentos inevitáveis em que tudo parece impossível, os homens sabem que sem esperança eles não conseguem realmente viver, e clamam pelo pão da esperança em seu desespero angustiante.

E há o profundo anseio pelo pão do amor. Todos querem amar e ser amados. Quem não se sente amado não se sente valorizado. Muita coisa aconteceu no mundo moderno para fazer os homens se sentirem isolados. Vivendo em um mundo que se tornou opressivo e impessoal, muitos de nós sentimos que somos pouco mais do que números. Ralph Borsodi, em uma envolvente imagem de um mundo em que os números substituíram as pessoas, escreve que a mãe moderna costuma ser o caso de maternidade nº 8434, e que seu filho, depois de ter as impressões digitais e as pegadas catalogadas, torna-se o nº 8003, e que um funeral numa grande cidade é um evento no Salão B com flores e decorações de Classe B, onde o Pastor nº 14 oficia e o Músico nº 84 canta a Seleção nº 174. Perplexo com essa tendência de reduzir o homem a um cartão em um vasto índice, o homem procura desesperadamente o pão do amor.

III

Quando o homem da parábola bateu na porta do amigo e pediu os três pães, recebeu uma resposta impaciente: "Não me importunes; já está a porta fechada, e os meus filhos estão comigo na cama; eu não posso levantar-me para te dar". Quantas vezes os homens sentiram decepção semelhante ao bater à meia-noite na porta da Igreja? Milhões de africanos, batendo pacientemente na porta da igreja cristã à procura do pão da justiça social, foram totalmente ignorados ou instruídos a esperar até mais tarde, o que quase sempre significa nunca. Milhões de negros americanos, famintos pelo desejo do pão da liberdade, bateram vezes e mais vezes na porta das chamadas igrejas brancas, mas em geral foram recebidos com uma fria indiferença ou uma flagrante hipocrisia. Mesmo os líderes religiosos brancos, com o desejo sincero de abrir a porta e dar o pão, costumam ser mais cautelosos do que corajosos, mais propensos a seguir as normas vigentes do que o caminho ético. Uma das vergonhosas tragédias da história é que a própria instituição que deve libertar o homem da meia-noite da segregação racial participa da criação e perpetuação da meia-noite.

Na terrível meia-noite da guerra, homens bateram na porta da Igreja para pedir o pão da paz, mas a Igreja muitas vezes os decepcionou. O que mais pateticamente revela a irrelevância da Igreja nos assuntos mundiais contemporâneos que sua omissão em relação à guerra? Em um mundo enlouquecido pelo acúmulo de armas, por paixões chauvinistas e pela exploração imperialista, a Igreja endossou essas atividades ou permaneceu terrivelmente calada. Durante as duas últimas guerras mundiais, as igrejas nacionais até funcionaram para o Estado como lacaios de prontidão, aspergindo água benta em navios de guerra e aliando-se aos poderosos exércitos, cantando: "Louve o Senhor e passe a munição".

Um mundo extenuado, implorando desesperadamente pela paz, com frequência viu a Igreja oferecer sua aprovação moral à guerra.

E aqueles que a procuraram em busca do pão da justiça econômica foram deixados na meia-noite frustrante da carência financeira. Em muitos casos, a Igreja se alinhou de tal maneira com as classes privilegiadas e tanto defendeu o status quo que não se dispôs a responder ao chamado à meia-noite. A Igreja Grega na Rússia aliou-se ao status quo e ligou-se ao regime czarista despótico de forma tão inextricável que se tornou impossível livrar-se do sistema político e social corrupto sem se ver livre da Igreja. Tal é o destino de qualquer organização eclesiástica que se alia às coisas-como-elas-são.

A Igreja deve ser lembrada de que não é a senhora nem a serva do Estado, mas a consciência do Estado. Deve orientá-lo e criticá-lo, mas jamais ser sua ferramenta. Se não reconquistar seu zelo profético, a Igreja se tornará um clube social irrelevante, sem autoridade moral ou espiritual. Se não participar ativamente da luta pela paz e pela justiça econômica e racial, perderá a lealdade de milhões, fazendo com que homens em todos os lugares digam que a vontade da Igreja foi atrofiada. Mas, se ela se libertar dos grilhões de um status quo embrutecedor e, ao recuperar sua grande missão histórica, falar e agir de forma destemida e insistente em termos de justiça e paz, poderá estimular a imaginação da humanidade e incendiar a alma dos homens com um radiante e ardente amor pela verdade, pela justiça e pela paz. Homens de todas as partes reconhecerão a Igreja como uma grande comunhão de amor que fornece luz e pão para viajantes solitários à meia-noite.

Enquanto falo da lassidão da Igreja, não posso ignorar o fato de que a chamada Igreja negra também deixou homens decepcionados à meia-noite. Digo a chamada Igreja negra porque, idealmente, não poderia haver Igreja negra ou branca. Para sua vergonha eterna, os cristãos brancos desenvolveram um sistema de segregação racial dentro da Igreja, infligindo tanta indignidade a seus fiéis negros que eles tiveram de organizar as próprias igrejas.

Dois tipos de Igreja negra se omitiram em dar o pão. Um arde pelo emocionalismo, o outro enregela pelo classismo. O primeiro, ao reduzir a veneração a entretenimento, dá mais ênfase ao volume que ao conteúdo e confunde espiritualidade com musculosidade. O perigo desse tipo de Igreja é que seus frequentadores podem ter mais religião nas mãos e nos pés do que no coração e na alma. À meia-noite, esse tipo de Igreja não tem nem a vitalidade nem o relevante evangelho para alimentar as almas famintas.

O outro tipo de Igreja negra que não alimenta nenhum viajante da meia-noite desenvolveu um sistema de classes e se gaba de sua dignidade, dos profissionais qualificados que a frequentam e de seu exclusivismo. Em uma Igreja desse tipo, o culto é frio e sem sentido, a música é monótona e enfadonha, e o sermão é pouco mais que uma homilia sobre eventos em curso. Se o pastor falar muito sobre Jesus Cristo, os membros acham que ele está roubando a dignidade do púlpito. Se o coral cantar uma música negra, os membros consideram isso uma afronta a seu status de classe. Esse tipo de Igreja erra tragicamente ao não reconhecer que a melhor veneração é uma experiência social em que pessoas de todos os níveis de vida se reúnem para afirmar sua unidade e harmonia sob Deus. À meia-noite, os homens são totalmente ignorados por causa de sua educação limitada, ou recebem um pão endurecido pelo inverno da mórbida consciência de classe.

IV

Na parábola, notamos que, depois da decepção inicial, o homem continuou batendo na porta do amigo. Por sua inconveniência — sua persistência —, ele enfim convenceu o amigo a abrir a porta. Muitos homens continuam a bater na porta da

Igreja à meia-noite, mesmo depois de a Igreja os decepcionar amargamente, porque sabem que o pão da vida está lá. A igreja está sendo desafiada a proclamar o Filho de Deus, Jesus Cristo, como a esperança dos homens em todos os seus complexos problemas pessoais e sociais. Muitos continuarão a procurar respostas para os problemas da vida. Muitos jovens que batem à porta estão perplexos com as incertezas da vida, confusos com as decepções diárias e desiludidos com as ambiguidades da história. Alguns foram tirados da escola e de suas carreiras e lançados ao papel de soldados. Precisamos dar a eles o pão fresco da esperança e imbuí-los da convicção de que Deus tem o poder de extrair o bem do mal. Alguns que chegam se sentem torturados por uma culpa persistente, resultante de sua peregrinação na meia-noite do relativismo ético e de sua rendição à doutrina da autoexpressão. Devemos levá-los a Cristo, que lhes dará o pão fresco do perdão. Alguns que batem à porta estão atormentados pelo medo da morte, à medida que se aproximam do anoitecer da vida. Devemos proporcionar a esses o pão da fé na imortalidade, para que possam entender que esta vida terrena é apenas um prelúdio embrionário de um novo despertar.

A meia-noite é uma hora confusa, em que é difícil ter fé. A palavra mais inspiradora que a Igreja pode dizer é que nenhuma meia-noite dura muito tempo. À meia-noite, o viajante cansado que pede pão está realmente procurando o amanhecer. Nossa eterna mensagem de esperança é que o amanhecer chegará. Nossos antepassados escravizados perceberam isso. Nunca se esqueceram da meia-noite, pois sempre havia o chicote de couro cru do feitor e o leilão em que as famílias eram despedaçadas para lembrá-los de sua realidade. Quando pensavam na agonizante escuridão da meia-noite, eles cantavam:

> *Oh, ninguém sabe dos problemas que eu vi,*
> *Glória, Aleluia!*
> *Às vezes estou pra cima, às vezes estou pra baixo*
> *Oh, sim, Senhor,*
> *Às vezes, estou quase no chão,*
> *Oh, sim, Senhor,*
> *Oh, ninguém sabe dos problemas que eu vi,*
> *Glória, Aleluia!*

Envoltos por uma meia-noite avassaladora, mas acreditando que a manhã chegaria, eles cantavam:

> *Estou tão feliz de os problemas não durarem para sempre.*
> *Ó meu Senhor, ó meu Senhor, o que devo fazer?*

A fé positiva dos escravizados no amanhecer era a crescente margem de esperança que fazia com que continuassem acreditando mesmo em meio às circunstâncias mais áridas e trágicas.

A fé no amanhecer surge da fé de que Deus é bom e justo. Quando alguém acredita nisso, sabe que as contradições da vida não são finais nem definitivas. Pode andar na noite escura com a convicção radiante de que todas as coisas trabalham juntas para o bem dos que amam Deus. Até a meia-noite mais desprovida de estrelas pode anunciar a aurora de uma grande realização.

No início do boicote aos ônibus em Montgomery, no Alabama, organizamos caronas voluntárias para transportar as pessoas nos trajetos de ida e volta de seus empregos. Durante longos onze meses, nosso sistema de caronas funcionou extraordinariamente bem. Foi então que o prefeito Gayle apresentou uma resolução instruindo o departamento jurídico da cidade a entrar com os processos que julgasse apropriados para interromper a operação do sistema de caronas estabelecido ou qualquer outro resultante do boicote aos ônibus. Uma audiência foi marcada para terça-feira, 13 de novembro de 1956.

Em nossa reunião semanal na missa, marcada para a noite anterior à audiência, tive a responsabilidade de alertar as pessoas de que o sistema de caronas provavelmente seria proibido. Eu sabia que as pessoas já vinham sofrendo de maneira voluntária fazia quase doze meses, mas será que agora poderíamos pedir que todos fossem e voltassem a pé de seus empregos? Será que seríamos obrigados a admitir que o protesto havia fracassado? Pela primeira vez, quase me furtei de aparecer diante deles.

Quando a noite chegou, reuni a coragem necessária para lhes contar a verdade. Tentei, no entanto, concluir com uma nota de esperança. "Nós nos mobilizamos todos esses meses com a fé ousada de que Deus está conosco em nossa luta", falei. "As muitas experiências dos dias passados comprovaram essa fé de uma maneira maravilhosa. Esta noite precisamos acreditar que abriremos um caminho onde não há caminho nenhum." No entanto, deu para sentir a brisa fria do pessimismo passando pela plateia. A noite estava mais escura do que mil meias-noites. A luz da esperança estava prestes a se apagar, e o lume da fé tremeluzia.

Poucas horas depois, diante do juiz Carter, a cidade alegou que estávamos operando uma "empresa privada" sem uma concessão. Nossos advogados argumentaram de forma brilhante que o sistema de transporte era um plano voluntário de "compartilhamento de veículos" fornecido como um serviço sem fins lucrativos pelas igrejas negras. Tornou-se óbvio que o juiz Carter decidiria a favor da cidade.

Ao meio-dia, durante um breve recesso, notei uma comoção incomum no tribunal. O prefeito Gayle foi chamado até a sala dos fundos. Vários repórteres se agitaram, entrando e saindo da sala. De repente, um repórter veio até a mesa onde, como réu principal, eu estava com os advogados. "Aqui está a decisão que você esperava", disse. "Leia este comunicado."

Com ansiedade e esperança, li as seguintes palavras: "A Suprema Corte dos Estados Unidos decidiu hoje por unanimidade que a segregação nos ônibus em Montgomery, Alabama, é inconstitucional". Meu coração palpitou com uma alegria inexprimível. A hora mais sombria da nossa luta havia se tornado a primeira hora da vitória. Alguém gritou no fundo do tribunal: "Deus Todo-Poderoso falou de Washington!".

O amanhecer virá. Desapontamento, tristeza e desespero nascem à meia-noite, mas a manhã seguinte sempre chega. "O choro pode durar uma noite", diz o salmista, "mas a alegria vem de manhã".[19] Essa fé adia as assembleias da desesperança e traz nova luz às câmaras escuras do pessimismo.

---

19 Salmos 30:5. (N. T.)

SETE

O HOMEM QUE ERA UM TOLO

*Tolo, esta noite te requisitarão tua alma, e de
quem serão estas coisas que tu preparaste?*

Lucas 12:20

Eu gostaria de compartilhar com vocês uma pequena história dramática, que é significativa e relevante em suas implicações e de profunda importância em suas conclusões. É a história de um homem que, para todos os padrões modernos, seria considerado eminentemente bem-sucedido. No entanto, Jesus o chamou de tolo.

O personagem central do drama é um "certo homem rico", cuja fazenda produzia colheitas tão grandes que ele decidiu construir novos e maiores celeiros, dizendo: "Ali eu colocarei todos os meus frutos e os meus bens. E eu direi à minha alma: Alma, tens em depósito muitos bens, para muitos anos; descansa, come, bebe e alegra-te". Mas Deus lhe disse: "Tolo, esta noite te requisitarão tua alma".[20] E foi assim. No auge de sua prosperidade, o homem morreu.

Pense nesse homem. Se ele morasse em nossa comunidade hoje, seria considerado um "figurão". Teria uma abundância de prestígio social e respeito da comunidade. Seria um dos poucos privilegiados na estrutura de poder econômico. E assim mesmo um camponês galileu teve a audácia de chamá-lo de tolo.

Jesus não chamou esse homem de tolo simplesmente porque ele possuía riqueza. Jesus nunca fez uma acusação genérica contra a riqueza. Jesus só condenava o mau uso da riqueza. Dinheiro, como qualquer outra força, como a eletricidade, é amoral e pode ser usado para o bem ou para o mal. É verdade que Jesus mandou um jovem governante rico "vender tudo", mas nesse caso, como disse o dr. George A. Buttrick,

---

20 Lucas 12:20. (N. T.)

Jesus estava prescrevendo uma cirurgia individual, não fazendo um diagnóstico universal. Nada na riqueza é inerentemente cruel, e nada na pobreza é inerentemente virtuoso.

Jesus não condenou esse homem por ele ter ganhado dinheiro de maneira desonesta. Ao que tudo indica, o homem adquiriu sua riqueza com trabalho árduo, com conhecimentos práticos e a visão de um bom empresário. Por que, então, ele era um tolo?

I

O homem rico era um tolo porque permitiu que os fins para os quais vivia se confundissem com os meios pelos quais vivia. A estrutura econômica de sua vida absorveu seu destino. Cada um de nós vive em dois domínios, o interno e o externo. O interno é o domínio de fins espirituais expresso na arte, na literatura, na moral e na religião. O externo é o complexo de dispositivos, técnicas, mecanismos e instrumentalidades por meio dos quais vivemos. Estes incluem a casa em que moramos, o carro que dirigimos, as roupas que vestimos, as fontes econômicas que adquirimos — as coisas materiais que precisamos ter para existir. Sempre há o perigo de permitirmos que os meios pelos quais vivemos substituam os fins para os quais vivemos, que o interno se perca no externo. O homem rico era um tolo porque não conseguiu manter uma linha divisória entre meios e fins, entre estrutura e destino. Sua vida foi submersa nas águas ondulantes de seu sustento. Isso não significa que o externo não seja importante em nossa vida. Temos o privilégio e o dever de buscar as necessidades materiais básicas da vida. Somente uma religião irrelevante deixa de se preocupar com o bem-estar econômico do homem. Uma boa religião entende que a alma é esmagada quando o corpo é torturado pelas dores da fome e atormentado pela necessidade de abrigo. Jesus percebeu que precisamos de comida, roupas, abrigo e segurança econômica. Disse em termos claros e concisos: "Vosso Pai sabe do que tendes necessidade antes de lhe pedirem". Mas Jesus sabia que o homem era mais que um cachorro, para se satisfazer com alguns ossos econômicos. Percebeu que a vida interior de um homem é tão significativa quanto a exterior. Então acrescentou: "Mas buscai primeiro o reino de Deus, e a sua justiça, e todas estas coisas vos serão acrescentadas". A tragédia do homem rico foi ter buscado os meios primeiro, e, no processo, os fins foram engolidos pelos meios.

Quanto mais rico esse homem ficava em termos materiais, mais pobre se tornava intelectual e espiritualmente. Ele pode ter sido casado, mas é provável que não conseguisse amar sua esposa. É possível que tenha lhe dado inúmeros presentes materiais, mas não pudesse oferecer o que ela mais precisava: amor e afeição. Pode ter tido filhos, mas provavelmente não os estimava. Pode ter guardado os grandes livros das épocas bem dispostos nas prateleiras de sua biblioteca, mas nunca os leu. Pode ter tido acesso a música de qualidade, mas não a ouvia. Seus olhos não contemplavam o majestoso esplendor dos céus. Seus ouvidos não estavam sintonizados com a doçura melodiosa da música celestial. Sua mente estava fechada às ideias de poetas, profetas e filósofos. Seu título era justo e merecido: — "Tolo!".

II

O homem rico era um tolo porque não percebeu sua dependência dos outros. Seu solilóquio contém aproximadamente sessenta palavras, mas "eu" e "meu" ocorrem doze vezes.[21] Ele dizia "eu" e "meu" com tanta frequência que perdeu a capacidade de dizer "nós" e "nosso". Vítima da doença cancerígena do egoísmo, não notou que a riqueza sempre vem como resultado de interesses em comum. Falou como se pudesse arar os campos e construir os celeiros sozinho. Não percebeu que era herdeiro de um vasto tesouro de ideias e trabalho para o qual os vivos e os mortos haviam

---

21 Provável referência às palavras do homem rico que aparecem na Bíblia King James, em inglês, cerca de nove vezes em Lucas 12:17-19: "What shall I do, because I have no room where to bestow my fruits? This will I do: I will pull down my barns, and build greater; and there will I bestow all my fruits and my goods. And I will say to my soul, Soul, thou hast much goods laid up for many years; take thine ease, eat, drink, and be merry". (N. E.)

contribuído. Quando um indivíduo ou uma nação ignora essa interdependência, estamos diante de uma tolice trágica.

Podemos ver claramente o significado dessa parábola na atual crise mundial. O maquinário produtivo do nosso país provê tanta comida que precisamos construir celeiros maiores e gastar mais de um milhão de dólares por dia para armazenar nosso excedente. Ano após ano, perguntamos: "O que eu farei pois não tenho espaço para guardar os meus frutos?".[22] Vi uma resposta no rosto de milhões de homens e mulheres em situação de pobreza na Ásia, na África e na América do Sul. Vi uma resposta na espantosa pobreza no delta do Mississippi e na trágica insegurança dos desempregados nas grandes cidades industriais do Norte. O que podemos fazer? A resposta é simples: alimentar os pobres, vestir os desnudos e curar os doentes. Onde podemos armazenar nossos produtos? Mais uma vez a resposta é simples: podemos armazenar nossos alimentos excedentes gratuitamente nos estômagos vazios dos milhões de filhos de Deus que adormecem com fome à noite. Podemos usar nossos vastos recursos de riqueza para eliminar a pobreza da Terra.

Tudo isso nos diz algo básico sobre a interdependência de homens e nações. Quer percebamos ou não, cada um de nós está eternamente "no vermelho". Somos devedores eternos de homens e mulheres conhecidos e desconhecidos. Não terminamos o café da manhã sem depender de mais da metade do mundo. Quando acordamos de manhã, entramos no banheiro e pegamos uma esponja produzida por um ilhéu do Pacífico. Usamos um sabonete feito para nós por um francês. A toalha é produzida por um turco. À mesa, tomamos café que nos é fornecido por um sul-americano, ou chá por um chinês, ou um chocolate por alguém da África

---

22 Lucas 12:17. (N. E.)

Ocidental. Antes de sairmos para nosso trabalho, já estamos em dívida com mais da metade do mundo.

Em um sentido real, toda a vida está inter-relacionada. Todos os homens estão presos em uma rede inescapável de mutualidade, entrelaçados no tecido único do destino. Qualquer coisa que afete alguém diretamente afeta a todos indiretamente. Nunca poderei ser o que eu deveria ser enquanto você não for o que deveria ser, e você nunca poderá ser o que deveria ser até que eu seja o que deveria ser. Essa é a estrutura inter-relacionada da realidade.

A tragédia do homem rico foi não ter percebido isso. Achou que poderia viver e crescer em seu pequeno mundo autocentrado. Era um individualista enlouquecido. Realmente, foi um tolo eterno!

III

Jesus chamou o rico de tolo porque ele não percebeu sua dependência de Deus. Falou como se ele próprio alternasse as estações e provesse a fertilidade do solo, controlasse o nascer e o pôr do sol e regulasse os processos naturais que produzem a chuva e o orvalho. Tinha um sentimento inconsciente de ser o Criador, não uma criatura.

Essa loucura centrada no homem teve um reinado longo e muitas vezes desastroso na história da humanidade. Às vezes é expressa, no âmbito teórico, na doutrina do materialismo, que afirma que a realidade pode ser explicada em termos de matéria em movimento, que a vida é "um processo fisiológico com um significado fisiológico", que o homem é um acidente transitório de prótons e elétrons viajando às cegas, que o pensamento é um produto temporário da matéria cinzenta e que os acontecimentos da história são uma interação entre matéria e movimento operando pelo princípio da necessidade. Não tendo lugar para Deus ou para ideias eternas, o materialismo se opõe ao teísmo e ao idealismo.

Essa filosofia materialista leva, de uma maneira ou de outra, a um beco sem saída em um mundo intelectualmente insensato. Acreditar que a personalidade humana é o resultado da interação fortuita de átomos e elétrons é tão absurdo quanto acreditar que um macaco batendo aleatoriamente nas teclas da máquina de escrever acabará produzindo uma peça de Shakespeare. Magia pura! É muito mais sensato dizer, como Sir James Jeans, o físico, que "o universo parece estar mais próximo de um grande pensamento do que de uma grande máquina", ou, como Arthur Balfour, o filósofo, que "agora sabemos demais sobre a matéria para sermos materialistas". O materialismo é uma chama fraca que se apaga com o hálito do pensamento maduro.

Outra tentativa de tornar Deus irrelevante é encontrada no humanismo não teísta, uma filosofia que deifica o homem ao afirmar que a humanidade é Deus. O homem é a medida de todas as coisas. Muitos homens modernos que adotaram essa filosofia sustentam, como Rousseau, que a natureza humana é essencialmente boa. O mal se encontra apenas nas instituições, e tudo ficaria bem se a pobreza e a ignorância pudessem ser eliminadas. O século XX foi inaugurado com esse radiante otimismo. Os homens acreditavam que a civilização estava evoluindo na direção de um paraíso terrestre. Herbert Spencer habilmente moldou a teoria da evolução de Darwin na inebriante ideia do progresso automático. Os homens se convenceram de que existe uma lei sociológica do progresso que é tão válida quanto a lei física da gravitação.

Possuído por esse espírito de otimismo, o homem moderno invadiu o armazém da natureza e saiu com muitas ideias científicas e desenvolvimentos tecnológicos que revolucionaram completamente o mundo. As realizações da ciência têm sido maravilhosas, tangíveis e concretas.

Diante dos surpreendentes avanços da ciência, o homem moderno exclamou:

> *A ciência é meu pastor, nada me falta.*
> *ela me faz deitar em verdes pastos;*
> *Ela me conduz ao lado das águas serenas.*
> *Ela restaura a minha alma [...]*
> *Não temerei mal algum; porque a ciência estás comigo;*
> *Tua vara e teu cajado me consolam.*[23]

As aspirações do homem não mais se voltam para Deus e para o céu. Os pensamentos do homem foram confinados ao homem e à Terra. E o homem apresentou uma estranha paródia na oração do Senhor: "Pai nosso, que estás na Terra, santificado seja o nosso nome. Venha o nosso reino. Seja feita a nossa vontade na Terra, pois o céu não existe".[24] Aqueles que antigamente se voltavam a Deus para encontrar soluções para seus problemas se voltaram para a ciência e a tecnologia, convencidos de que agora possuíam os instrumentos necessários para conduzir a nova sociedade.

Então veio a explosão desse mito. Ele chegou ao clímax nos horrores de Nagasaki e Hiroshima e na fúria flamejante de bombas de cinquenta megatons. Agora podemos ver que a ciência só pode nos dar poder físico, o qual, se não for controlado pelo poder espiritual, nos levará inevitavelmente à desgraça cósmica. As palavras de Alfredo, o Grande, continuam verdadeiras: "O poder nunca é bom a não ser que quem o tenha seja bom". Precisamos de algo mais espiritualmente sustentável e moralmente controlável do que a ciência. É um instrumento que, sob o poder do espírito de Deus, pode levar o homem a altos níveis de segurança

---

23   Salmos 23:1-4. (N. E.)

24   Lucas 11:2. (N. E.)

física, mas, apartada do espírito de Deus, a ciência é uma arma mortal que só levará ao caos mais profundo. Por que nos enganarmos sobre o progresso automático e a capacidade do homem de se salvar? Devemos elevar nossa mente e nossos olhos para as colinas de onde vem nossa verdadeira ajuda. Então, e somente então, os avanços da ciência moderna serão mais uma bênção que uma maldição.

Sem a dependência de Deus, nossos esforços se transformam em cinzas, e nossas alvoradas, na noite mais escura. A menos que seu espírito permeie nossa vida, encontramos apenas o que G. K. Chesterton chamou de "curas que não curam, bênçãos que não abençoam e soluções que não resolvem". "Deus é o nosso refúgio e força, um socorro muito presente na tribulação."

Infelizmente, o homem rico não percebeu isso. Como muitos homens do século XX, ele se envolveu tanto em grandes assuntos e pequenas trivialidades que se esqueceu de Deus. Ele deu o significado de infinito ao finito e elevou uma preocupação preliminar a uma postura definitiva.

Quando o homem rico acumulou seus vastos recursos de riqueza — no momento em que seus estoques atraíam o maior interesse, e sua casa palaciana era o assunto da cidade —, ele chegou à experiência que é o irredutível denominador comum de todos os homens, a morte. O fato de ter morrido naquele momento específico acrescenta verve e drama à história, mas a verdade essencial da parábola seria a mesma se ele tivesse vivido até a idade de Matusalém. Mesmo que não tivesse morrido fisicamente, ele já estava morto espiritualmente. A parada da respiração foi um anúncio tardio de uma morte anterior. Ele morreu quando deixou de manter uma linha de distinção entre os meios pelos quais viveu e os fins pelos quais viveu, e quando não reconheceu sua dependência dos outros e de Deus.

Não poderíamos dizer que o "certo homem rico" é a civilização ocidental? Ricos em bens e recursos materiais, nossos padrões de sucesso estão quase inextricavelmente ligados à luxúria da aquisição. Os meios pelos quais vivemos são de fato maravilhosos. E, no entanto, está faltando alguma coisa. Aprendemos a voar pelos ares como pássaros e a nadar no mar como peixes, mas não aprendemos a simples arte de vivermos juntos como irmãos. Nossa abundância não nos trouxe nem paz nem serenidade de espírito. Um escritor oriental retratou nosso dilema em termos sinceros:

> *Vocês chamam seus mil dispositivos materiais de "máquinas que economizam trabalho", no entanto, estão sempre "ocupados". Com a multiplicação de suas máquinas, vocês ficam cada vez mais fatigados, ansiosos, nervosos e insatisfeitos. Não importa o quanto tenham, vocês querem mais; e não importa onde estejam, querem ir para outro lugar. Vocês têm uma máquina para escavar a matéria-prima [...], uma máquina para processar [a matéria-prima] [...], uma máquina para transportar [a matéria-prima] [...], uma máquina para varrer e tirar o pó, uma para levar mensagens, uma para escrever, uma para conversar, uma para cantar, uma para atuar no teatro, uma para votar, uma para costurar; [...] e centenas de outras pessoas para fazer centenas de outras coisas para vocês, e ainda assim vocês são os homens mais nervosos do mundo [...] seus dispositivos não são máquinas que economizam tempo nem alma. São muitas esporas afiadas que exigem que vocês inventem mais máquinas e façam mais negócios.*

Trata-se de uma verdade pungente que nos diz algo sobre a civilização ocidental e que não pode ser descartada como uma acusação preconceituosa de um pensador oriental invejoso da prosperidade ocidental. Não há como escapar da acusação. Os meios pelos quais vivemos superaram os fins para os quais vivemos. Nosso poder científico superou nosso poder espiritual. Temos mísseis teleguiados e homens desorientados. Como o homem rico da Antiguidade, minimizamos tolamente nossa vida interior e maximizamos a exterior. Nossa vida foi absorvida pela subsistência. Não encontraremos paz em nossa geração até aprendermos de novo que "a vida do homem não consiste na abundância das coisas que ele possui", mas nos tesouros internos do espírito "aonde não chega ladrão, nem a traça corrói".

Nossa esperança em uma vida criativa reside em nossa capacidade de restabelecer os fins espirituais de nossa vida em caráter pessoal e justiça social. Sem esse despertar espiritual e moral, destruiremos a nós mesmos no mau uso de nossos próprios instrumentos. Nossa geração não pode fugir da pergunta de nosso Senhor: que lucro tem o homem em ganhar todo o mundo externo — aviões, luzes elétricas, automóveis e televisão em cores — se perder o interno — sua própria alma?[25]

---

25 Remissão à Bíblia, Marcos 8:36. (N. E.)

OITO

A MORTE DO MAL NA PRAIA

E Israel viu os egípcios mortos na praia do mar.
Êxodo 14:30

Existe algo mais óbvio do que a presença do mal no universo? Seus tentáculos preênsis e persistentes projetam-se por todos os níveis da existência humana. Podemos discutir a origem do mal, mas só uma vítima do otimismo superficial discutiria sua realidade. O mal é severo, sombrio e colossalmente real.

Afirmando a realidade do mal em termos inconfundíveis, a Bíblia aborda de maneira simbólica a ação conivente de uma serpente que injeta discórdia na sinfonia harmoniosa da vida de um jardim, denuncia profeticamente a injustiça cruel e a hipocrisia medonha, e retrata de forma dramática uma turba desorientada pendurando a pessoa mais preciosa do mundo numa cruz entre dois ladrões. Cristalina é a percepção bíblica do mal. Tampouco Jesus ignorava a realidade do mal. Embora nunca tenha oferecido uma explicação teológica da origem do mal, ele jamais tentou descartá-la. Na parábola do joio, Jesus diz que o joio é joio, não uma ilusão ou um erro da mente mortal. As verdadeiras ervas daninhas prejudicam o crescimento ordenado do trigo imponente. Quer por ter sido semeado por Satanás, quer porque o homem fez mau uso da própria liberdade, o joio é sempre venenoso e mortal. Falando das sufocantes ervas daninhas, Jesus diz de forma resumida: "Não tento explicar sua origem, mas elas são obra de um inimigo".[26]

---

26 Passagem que remete a Mateus 13:25-28. No texto publicado pelo King Institute (Universidade Stanford), um rascunho do texto deste capítulo, consta uma nota de rodapé indicando tratar-se de uma citação do livro *The Parables of Jesus*, de George A. Buttrick, páginas 65-66. Disponível em: <https://kinginstitute.stanford.edu/king-papers/documents/draft-chapter-viii-death-evil-upon-seashore#:~:text=Jesus%20said%20in%20substance%20concerning,as%20the%20force%20of%20good.>. Acesso em: 07 ago. 2020. (N. E.)

Ele reconheceu que a força do mal era tão real quanto a força do bem.

Na grande arena da vida cotidiana, vemos o mal em todas as suas feias dimensões. Nós o vemos expresso na luxúria trágica e no egoísmo desenfreado. Nós o vemos em altos postos, nos quais os homens estão dispostos a sacrificar a verdade nos altares dos próprios interesses. Nós o vemos nas nações imperialistas esmagando outros povos com os aríetes da injustiça social. Nós o vemos incorporado à roupagem de guerras calamitosas, que levam homens e nações a uma falência moral e física.

Em certo sentido, a história do homem é a história da luta entre o bem e o mal. Todas as grandes religiões reconheceram uma tensão no próprio âmago do universo. O hinduísmo, por exemplo, chama essa tensão de conflito entre ilusão e realidade; o zoroastrismo, de conflito entre o deus da luz e o deus das trevas; e o judaísmo tradicional e o cristianismo, de conflito entre Deus e Satanás. Todas percebem que, no meio do impulso ascendente da bondade, existe a atração descendente do mal.

O cristianismo afirma com clareza que, na longa batalha entre o bem e o mal, o bem acabará vencedor. O mal está essencialmente condenado pelas forças poderosas e inexoráveis do bem. A Sexta-Feira Santa deve dar lugar à música triunfante da Páscoa. O joio degradante sufoca os brotos emergentes do trigo que crescem por uma estação, mas, quando for feita a colheita, o joio do mal será separado do trigo bom. César ocupou um palácio, e Cristo, uma cruz, mas esse mesmo Cristo dividiu a história em a.C. e d.C., de modo que até mesmo o reinado de César foi posteriormente datado com base em seu nome. Há muito tempo a religião bíblica reconheceu o que William Cullen Bryant afirmou, "A verdade esmagada na Terra ressurgirá", e o que Thomas Carlyle escreveu, "Não há mentira que você não possa falar ou usar, mas ela voltará, após uma circulação mais prolongada ou mais breve, como uma conta da Realidade da Natureza que terá de ser paga — com a resposta: Sem efeitos".

I

Um exemplo explícito dessa verdade é encontrado nos primórdios da história do povo hebreu. Quando os filhos de Israel eram mantidos no Egito sob o jugo férreo da escravidão, o Egito simbolizava o mal na forma de uma opressão humilhante, uma exploração impiedosa e uma dominação esmagadora, e os israelenses simbolizavam a bondade na forma da devoção e dedicação ao Deus de Abraão, Isaac e Jacó. O Egito lutava para manter seu jugo opressivo, e Israel lutava para ganhar a liberdade. O faraó se recusou teimosamente a responder ao clamor de Moisés, mesmo quando pragas e mais pragas ameaçaram seu reino. Isso nos diz algo sobre o mal que nunca devemos esquecer, ou seja, que o mal é recalcitrante e determinado e nunca renuncia voluntariamente ao seu domínio a não ser diante de uma resistência persistente, quase fanática. Mas há um posto de fronteira no universo: o mal não consegue se organizar de modo permanente. Então, depois de uma longa e exaustiva luta, os israelenses, pela providência de Deus, atravessaram o Mar Vermelho. Porém, tal como a velha guarda que nunca se rende, os egípcios, numa tentativa desesperada de impedir a fuga dos israelenses, mandaram seus exércitos ao Mar Vermelho atrás deles. Assim que os egípcios entraram no mar ressequido, as águas então divididas se fecharam sobre eles, e a turbulência e força das ondas logo afogaram todos. Quando os israelenses olharam para trás, só o que puderam ver foram pobres corpos afogados aqui e ali jogados na praia. Para os israelenses, foi um grande momento. Foi o fim de um período assustador na história do seu povo. Foi um alegre amanhecer que pôs fim à longa noite do cativeiro. O significado dessa história não está no afogamento dos soldados egípcios, pois ninguém deve se alegrar com a morte ou a derrota de um ser humano. Na verdade, essa história simboliza a morte do mal, da opressão desumana e da exploração injusta.

A morte dos egípcios na praia é um lembrete vívido de que alguma coisa na própria natureza do universo auxilia o bem em sua perene luta contra o mal. O Novo Testamento declara com razão: "Nenhum castigo parece ser prazeroso para o castigado, mas angustiante; mas depois, produz um fruto pacífico de justiça para aqueles exercitados por ele". O faraó explora os filhos de Israel — *mas depois!* Pilatos cede à multidão que crucifica Cristo — *mas depois!* Os primeiros cristãos são jogados aos leões e levados aos cepos para o machado do carrasco — *mas depois!* Algo neste universo justifica o que diz Shakespeare:

> *Há uma divindade que molda nosso fim,*
> *Por mais toscamente que planejemos,*

e o que diz Lowell:

> *Embora a causa do mal prospere,*
> *Ainda assim só a Verdade é forte,*

e o que diz Tennyson:

> *Só posso acreditar que o bem triunfará,*
> *Afinal — lá longe — afinal, para todos,*
> *E todo inverno se transforma em primavera.*

II

A verdade deste texto é revelada na luta contemporânea entre o bem, na forma de liberdade e justiça, e o mal, na forma de opressão e colonialismo. Das cerca de 3 bilhões de pessoas em nosso mundo, mais de 1,9 bilhão — a maioria — vive nos continentes da Ásia e da África. Menos de duas décadas atrás, a maior parte dos povos asiáticos e africanos era composta de súditos coloniais, dominados em termos políticos, explorados economicamente e segregados e humilhados por potências estrangeiras. Durante anos eles protestaram contra essas graves injustiças. Em quase todos os territórios da Ásia e da África, um corajoso Moisés clamava apaixonadamente pela liberdade de seu povo. Por mais de vinte anos, Mahatma Gandhi manteve-se incansável em seus pedidos aos vice-reis, governadores-gerais, primeiros-ministros e reis britânicos que deixassem seu povo livre. Assim como os faraós da Antiguidade, os líderes britânicos foram surdos a esses angustiados apelos. Até o grande Winston Churchill respondeu ao clamor de independência de Gandhi dizendo: "Não me tornei o primeiro-ministro do rei para presidir a liquidação do Império Britânico". O conflito entre duas forças determinadas, as potências coloniais e os povos da Ásia e da África, foi uma das lutas mais momentosas e cruciais do século XX.

Porém, apesar da resistência e da recalcitrância das potências coloniais, a vitória das forças da justiça e da dignidade humana está sendo gradualmente conquistada. Vinte e cinco anos atrás havia apenas três países independentes em todo o continente africano, mas hoje 32 países são independentes. Até quinze anos atrás o Império Britânico dominava politicamente mais de 650 milhões de pessoas na Ásia e na África, mas hoje esse número é inferior a 60 milhões. O Mar Vermelho se abriu. As massas oprimidas da Ásia e da África conquistaram sua liberdade do Egito do colonialismo e agora avançam em direção à terra prometida de estabilidade econômica e cultural. Esses povos veem os males do colonialismo e imperialismo mortos na praia.

Em nossa luta por liberdade e justiça nos Estados Unidos, também estamos vendo a morte do mal. Em 1619, o negro foi trazido das terras da África para os Estados Unidos. Por mais de duzentos anos a África foi estuprada e saqueada, seus reinos nativos foram desorganizados, e seu povo e seus governantes, desmoralizados. Nos Estados Unidos, o escravizado negro era meramente uma engrenagem despersonalizada numa imensa máquina de plantio.

Mas havia aqueles que tinham uma consciência persistente e sabiam que um sistema tão injusto representava um estranho paradoxo em uma nação fundada sobre o princípio de que todos os homens são criados iguais. Em 1820, seis anos antes de sua morte, Thomas Jefferson escreveu essas melancólicas palavras:

> *Mas a momentosa questão [a escravidão], como um alarme de incêndio na noite, despertou-me e me encheu de terror. Considerei-a de imediato o dobre fúnebre da União [...]. Lamento estar agora prestes a morrer com a convicção de que o inútil sacrifício de si mesmos pela geração de 1776, para conseguir um governo autônomo e felicidade para o país deles, esteja sendo jogado fora [...] e que meu único consolo seja o de não estar vivo para chorar por isso.*

Inúmeros abolicionistas, como Jefferson, tiveram o coração torturado pela questão da escravidão. Com percepção arguta, eles viram que a imoralidade da escravidão degradava tanto o senhor branco quanto o negro.

Então chegou o dia em que Abraham Lincoln olhou de frente para essa questão da escravidão. Seus tormentos e vacilações são bem conhecidos, mas a conclusão de sua busca está incorporada nestas palavras: "Ao dar liberdade ao escravizado, garantimos que a liberdade seja livre — igualmente digna no que damos e no que preservamos". Com base nesse fundamento moral, Lincoln redigiu a Proclamação de Emancipação, uma ordem executiva que punha fim à escravidão. O significado da Proclamação de Emancipação foi descrito vividamente por um grande americano, Frederick Douglass, nas seguintes palavras:

> Ela reconhece e declara a natureza real da disputa e coloca o Norte no lado da justiça e da civilização [...]. Inquestionavelmente, o Primeiro de Janeiro de 1863 será o mais memorável nos anais americanos. O Quatro de Julho foi grandioso, mas o Primeiro de Janeiro, quando o consideramos em todas as suas relações e consequências, é incomparavelmente maior. Aquele respeitava o mero nascimento político de uma nação; o último refere-se à vida e ao caráter nacional e determinará se essa vida e esse caráter devem ser radiosamente gloriosos, com todas as mais altas e nobres virtudes, ou infamemente obscurecidos para sempre.

A Proclamação da Emancipação, no entanto, não resultou em liberdade total, pois, embora os negros tenham desfrutado de certas oportunidades políticas e sociais durante a Reconstrução, logo descobriram que os faraós do Sul estavam determinados a mantê-lo em escravidão. É certo que a Proclamação da Emancipação aproximou o negro do Mar Vermelho, mas não garantiu sua passagem pelas águas divididas. A segregação racial, apoiada por uma decisão da Suprema Corte dos Estados Unidos em 1896, foi uma nova forma de escravidão, disfarçada por certas sutilezas complexas. Na grande batalha da segunda metade do século entre as forças da justiça que tentam acabar com o sistema maligno de segregação e as forças da injustiça que tentam mantê-lo, os faraós empregaram manobras legais, represálias econômicas e até violência física para manter o negro no Egito da segregação. Apesar do paciente clamor de muitos Moisés, eles se recusaram a deixar o povo negro ir.

Hoje estamos testemunhando uma mudança maciça. Um decreto de nove juízes da Suprema Corte dos Estados Unidos estremeceu o mundo e abriu o Mar Vermelho, e as forças da justiça estão passando para o outro lado. A Corte decretou o fim da antiga decisão Plessy, de 1896,²⁷ e afirmou que instalações separadas são inerentemente desiguais e que segregar uma criança com base em raça é negar à criança uma proteção legal igualitária. Essa decisão é um grande farol de esperança para milhões de pessoas deserdadas. Olhando para trás, vemos as forças da segregação morrendo pouco a pouco na praia. O problema está longe de ser resolvido, e gigantescas montanhas de oposição jazem à frente, mas ao menos saímos do Egito, e com paciente e firme determinação chegaremos à terra prometida. O mal na forma de injustiça e exploração não sobreviverá para sempre. Uma passagem do Mar Vermelho na história acaba levando as forças da bondade à vitória, e o fechamento das mesmas águas marca a condenação e a destruição das forças do mal.

Tudo isso nos lembra que o mal carrega a semente da própria destruição. A longo prazo, o direito derrotado é mais forte que o mal triunfante. Quando questionado sobre as principais lições que aprendeu da história, o historiador Charles A. Beard respondeu:

> *Primeiro, aqueles a quem os deuses destroem, eles primeiro devem enlouquecer pelo poder. Segundo, os moinhos de Deus moem devagar, mas moem em fragmentos muito pequenos. Terceiro, a abelha fertiliza a flor de que rouba. Quarto, quando está suficientemente escuro, você pode ver as estrelas.*

Essas palavras não são de um pregador, mas de um historiador obstinado, cujo longo e meticuloso estudo da história lhe revelou que o mal tem uma característica derrotista. Pode percorrer um longo caminho, mas acaba chegando o seu limite. Há algo neste universo a que a mitologia grega se referiu como a deusa da Nêmesis.

---

27 Decisão da Suprema Corte que manteve a constitucionalidade das leis de segregação racial em instalações públicas, desde que as instalações segregadas fossem de igual qualidade. (N. T.)

III

Neste momento, devemos ter cuidado para não nos envolver em um otimismo superficial ou concluir que a morte de um mal em particular significa que todo o mal está morto na praia. Todo progresso é precário, e a solução de um problema nos coloca frente a frente com outro problema. O Reino de Deus como uma realidade universal *ainda não* existe. Como o pecado está em todos os níveis da existência do homem, a morte de uma tirania é seguida pelo surgimento de outra.

Mas, assim como devemos evitar um otimismo superficial, também devemos evitar um pessimismo incapacitante. Embora todo progresso seja precário, dentro de seus limites pode haver um verdadeiro progresso social. Embora a peregrinação moral do homem nunca chegue a um ponto de destino na Terra, seus incessantes esforços podem aproximá-lo ainda mais da cidade da justiça. E embora o Reino de Deus possa *ainda não* existir como uma realidade universal na história, pode existir no presente em formas isoladas, como no julgamento, na dedicação pessoal e na vida de alguns grupos. "O reino de Deus está dentro de vós."

Acima de tudo, devemos nos relembrar de que Deus está trabalhando em seu universo. Ele não está fora do mundo olhando com uma espécie de indiferença fria. Aqui, em todos os caminhos da vida, ele se esforça em nossos esforços. Como um pai sempre amoroso, ele trabalha por meio da história em favor da salvação de seus filhos. Enquanto lutamos para derrotar as forças do mal, o Deus do universo luta conosco. O mal morre na praia, não só por causa da incansável luta do homem contra ele, mas por causa do poder de Deus para derrotá-lo.

Mas por que Deus é tão lento em conquistar as forças do mal? Por que Deus permitiu que Hitler matasse 6 milhões de judeus? Por que Deus permitiu que a escravidão continuasse nos Estados Unidos por 244 anos? Por que Deus permite que multidões sedentas de sangue linchem homens e mulheres negros à vontade e afoguem meninos e meninas negros por capricho? Por que Deus não invade e esmaga os esquemas malignos dos homens maus?

Não pretendo entender todos os caminhos de Deus ou seu cronograma particular para lutar contra o mal. Talvez se Deus lidasse com o mal da maneira autoritária que desejamos, ele frustrasse seu objetivo final. Somos seres humanos responsáveis, não autômatos cegos; pessoas, não fantoches. Ao nos conceder a liberdade, Deus renunciou a uma parte da própria soberania e impôs certas limitações a si mesmo. Se seus filhos são livres, eles devem cumprir sua vontade por uma escolha voluntária. Portanto, Deus não pode impor sua vontade a seus filhos e ao mesmo tempo manter seu propósito para o homem. Se, por pura onipotência, Deus frustrasse seu propósito, estaria expressando fraqueza em vez de poder. Poder é a capacidade de cumprir um propósito; uma ação que frustra o propósito é fraqueza.

A falta de vontade de Deus em lidar com o mal com um imediatismo autoritário não significa que ele não está fazendo nada. Nós, seres humanos fracos e finitos, não estamos sozinhos em nossa busca pelo triunfo da justiça. Como escreveu Matthew Arnold, há um "poder duradouro, não nós mesmos, que contribui para a retidão".

Também devemos lembrar que Deus não se esquece de seus filhos que são vítimas das forças do mal. Ele nos dá os recursos interiores para aguentar os encargos e tribulações da vida. Quando estamos nas trevas de algum Egito opressivo, Deus é uma luz no nosso caminho. Ele nos incute a força necessária para suportar as provações do Egito, e nos dá a coragem e o poder para empreender a jornada adiante. Quando a luz da esperança bruxuleia e a vela da fé se exaure, ele restaura nossas almas, dando-nos um renovado vigor para seguir em frente. Ele está conosco não somente no meio-dia da realização, mas também na meia-noite do desespero.

Quando estivemos na Índia, eu e a sra. King passamos um adorável fim de semana no estado de Kerala, o ponto mais ao sul daquele imenso país. Lá, visitamos a linda praia de Cabo Comorim, chamado de "Fim da Terra" por ser onde termina o território da Índia.[28] Nada se vê além a não ser uma vasta extensão de águas ondulantes. Esse belo local é um ponto onde se encontram três grandes massas de água — o oceano Índico, o mar da Arábia e a baía de Bengala. Sentados numa enorme rocha que se projeta ligeiramente no mar, ficamos encantados com a vastidão do oceano e suas imensidões aterradoras. Enquanto as ondas se desdobravam em sucessão quase rítmica e batiam contra a base da rocha em que estávamos, uma música oceânica trazia doçura aos ouvidos. A oeste víamos o sol magnífico, uma grande bola de fogo cósmica que parecia mergulhar no oceano. Quando estava quase fora de nossa visão, a sra. King me tocou e disse: "Veja, Martin, não é lindo?". Olhei em volta e vi a lua, outra esfera de beleza cintilante. Quando o sol parecia mergulhar no oceano, a lua parecia estar nascendo do oceano. Quando o sol por fim se pôs totalmente, a escuridão envolveu a Terra, mas no leste a luz radiante da lua nascente brilhava suprema.

Eu disse à minha esposa: "Essa é uma analogia do que costuma acontecer na vida". Segundo nossa experiência, quando a luz do dia se extingue, deixa-nos em alguma meia-noite escura e desolada — momentos em que nossas maiores esperanças se transformam em caos e em desespero ou quando somos vítimas de alguma injustiça trágica ou de alguma exploração terrível. Durante esses momentos, nosso espírito é quase dominado pela tristeza e

---

28 Cabo Comorim, hoje Kanyakumari, integrava o Reino de Travancore, o qual incluía a maior parte do atual estado de Kerala. O território indiano passou por sucessivas alterações administrativas, entre as quais a Lei de Reorganização dos Estados, de 1956. Em sua configuração atual, Kanyakumari é um dos distritos do estado de Tamil Nadu, e não do vizinho Kerala. (N. E.)

pelo desespero, e sentimos que não há luz em lugar nenhum. Mas sempre, ao olharmos para o leste e descobrirmos que existe outra luz que brilha até mesmo na escuridão, "a lança da frustração" se transforma "em um raio de luz".

Este seria um mundo insuportável se Deus tivesse uma única luz, mas podemos nos consolar por Deus ter duas: uma luz para nos guiar na claridade do dia, quando as esperanças se realizam e as circunstâncias são favoráveis, e outra para nos guiar na escuridão da meia-noite, quando nos sentimos frustrados e os gigantes adormecidos da melancolia e desesperança assolam nossas almas. O testemunho do salmista diz que nunca precisamos andar pela escuridão:

> *Para onde me irei do teu Espírito, ou para onde fugirei da tua presença? Se eu subir ao céu, tu estás lá; se eu fizer minha cama no inferno, eis que tu estás lá. Se eu tomar as asas da manhã, e habitar nas partes mais extremas do mar; até lá a tua mão me guiará e a tua mão direita me susterá. Se eu disser: certamente as trevas me encobrirão; até a noite será luz sobre mim. Sim, as trevas não se escondem de ti; mas a noite brilha como o dia; as trevas e a luz são ambas o mesmo para ti.*

Essa fé nos sustentará em nossa luta para fugir da escravidão de qualquer Egito maligno. Essa fé será uma luz para nossos pés cansados e um lume para nosso caminho sinuoso. Sem ela, os maiores sonhos do homem se transformarão silenciosamente em pó.

NOVE

SONHOS DESPEDAÇADOS

Quando eu viajar para a Espanha, irei até vós.
Romanos 15:24

Um dos problemas mais angustiantes da nossa experiência humana é que poucos vivem, se é que algum o faz, para ver realizadas nossas mais estimadas esperanças. As esperanças da nossa infância e as promessas da nossa vida adulta são sinfonias inacabadas. Em uma famosa pintura, George Frederic Watts retrata a esperança como uma figura tranquila que, sentada no topo de nosso planeta, com a cabeça tristemente inclinada, dedilha a única corda não arrebentada de uma harpa. Alguém entre nós já não sentiu a angústia de esperanças e sonhos despedaçados?

Na carta de Paulo aos cristãos romanos, encontramos um poderoso exemplo desse incômodo problema de esperanças não realizadas: "Quando eu viajar para a Espanha, irei até vós". Uma de suas ardentes esperanças era viajar para a Espanha, onde, nos confins do mundo então conhecido, ele poderia proclamar ainda mais o evangelho cristão. Quando voltasse, queria ter uma comunhão pessoal com aquele valente grupo de cristãos romanos. Quanto mais ele planejava esse privilégio, mais seu coração se acelerava de alegria. Seus preparativos agora se concentravam em levar o evangelho à cidade capital de Roma e à Espanha, na distante periferia do império.

Quanta esperança vicejava no coração de Paulo! Mas ele nunca chegou a Roma como moldado por suas esperanças. Por sua corajosa fé em Jesus Cristo, acabou de fato sendo levado para lá, mas na condição de prisioneiro, e foi mantido em cativeiro numa pequena cela. Nunca chegou a caminhar pelas poeirentas estradas da Espanha, não viu suas encostas curvilíneas nem observou sua movimentada vida costeira. O que se presume é que tenha sido morto em Roma como um mártir de Cristo. A vida de Paulo é uma história trágica de um sonho despedaçado.

A vida reflete muitas experiências semelhantes. Quem não se propôs a alcançar uma distante Espanha, um objetivo momentoso ou uma realização gloriosa, só para perceber, afinal, que deve se contentar com muito menos? Nós nunca andamos como homens livres pelas ruas da nossa Roma; as circunstâncias decretam que, em vez disso, vivamos dentro de pequenas células confinantes. Nossas vidas registram frustrações radicais, e o curso da história segue caminhos irracionais e imprevisíveis. Assim como Abraão, também nós permanecemos brevemente na terra da promessa, mas muitas vezes não nos tornamos "herdeiros com ele da mesma promessa". Nossos desejos sempre excedem nosso objetivo.

Depois de anos lutando para conseguir a independência, Mahatma Gandhi testemunhou uma sangrenta guerra religiosa entre hindus e muçulmanos, e a subsequente divisão da Índia e do Paquistão despedaçou o desejo de seu coração por uma nação unida. Woodrow Wilson morreu antes de ver realizada sua ardente visão de uma Liga das Nações. Muitos escravizados negros nos Estados Unidos, que ansiavam intensamente pela liberdade, morreram antes da emancipação. Depois de orar no jardim do Getsêmani para que o cálice passasse adiante,[29] ainda assim Jesus bebeu seus últimos goles amargos.

---

29 Remissão a Marcos 14:32-36. (N. E.)

E o apóstolo Paulo orou repetida e fervorosamente para que o "espinho" fosse removido de sua carne, mas a dor e o incômodo continuaram até o fim de seus dias. Sonhos despedaçados são uma característica da nossa vida mortal.

I

Antes de determinarmos como viver em um mundo onde nossas maiores esperanças não são satisfeitas, devemos perguntar: o que fazer nessas circunstâncias?

Uma reação possível é destilar todas as nossas frustrações em um âmago de desgosto e ressentimento. Quem seguir esse caminho provavelmente desenvolverá uma atitude insensível, um coração frio e um ódio amargo por Deus, por aqueles com quem vive e por si próprio. Como não pode encurralar Deus nem a vida, ele libera sua vingança reprimida na forma de hostilidade para com outras pessoas. Pode ser extremamente cruel com sua companheira e desumano com os filhos. Em suma, a mesquinhez se torna sua característica dominante. Não ama ninguém e não exige amor de ninguém. Não confia em ninguém e não espera que outros confiem nele. Encontra falhas em tudo e em todos, e está sempre reclamando.

Tal reação envenena a alma e deixa cicatrizes na personalidade, sempre prejudicando mais a pessoa que abriga esse sentimento do que qualquer outra. A ciência médica revela que doenças físicas como artrite, úlcera gástrica e asma podem ser ocasionalmente estimuladas por ressentimentos amargos. A medicina psicossomática, que lida com doenças corporais provenientes de doenças mentais, mostra como um ressentimento profundo pode resultar em deterioração física.

Outra reação comum entre pessoas que sofrem de perda da esperança é se retraírem por completo e se tornarem radicalmente introvertidas. Não permitem que ninguém entre em suas vidas e se recusam a entrar na vida dos outros. Essas pessoas desistem de lutar pela vida, perdem o gosto de viver e tentam escapar elevando a mente a um reino transcendente de fria indiferença. Distanciamento é a palavra que melhor as descreve.

Desinteressadas demais para amar e apáticas demais para odiar, distantes demais para ser egoístas e prostradas demais para ser altruístas, indiferentes demais para sentir alegria e frias demais para sentir tristeza, elas não estão mortas nem vivas; apenas existem. Seus olhos não veem as belezas da natureza, os ouvidos são insensíveis aos sons majestosos da boa música, e suas mãos não reagem sequer ao toque de um bebezinho encantador. Não lhes resta nada da vitalidade da vida, somente o movimento monótono de uma existência vazia. A desilusão com as próprias esperanças as leva a um cinismo paralisante, como descreveu Omar Kayan:

> A Esperança Mundana que os homens alimentam no Coração
> Vira Cinza — ou prospera; e zás,
> Como Neve na Face poeirenta do Deserto,
> Brilha um pouco uma hora ou duas — desaparece.

Essa reação é baseada numa tentativa de escapar da vida. Os psiquiatras dizem que, quando indivíduos tentam escapar da realidade, suas personalidades se tornam cada vez mais tênues, até que por fim se rompem. Essa é uma das fontes causais da personalidade esquizofrênica.

Uma terceira maneira de as pessoas reagirem a decepções na vida é adotar uma filosofia fatalista, estipulando que tudo o que acontece deve acontecer e que todos os acontecimentos são determinados pela necessidade. O fatalismo sugere que tudo é predeterminado e inescapável. Pessoas que aderem a essa filosofia sucumbem a uma resignação absoluta àquilo que consideram seu destino e pensam em si mesmas como pouco mais que órfãs indefesas lançadas nas imensidões terríveis do espaço. Por acreditarem que o homem não tem liberdade, não procuram deliberar nem tomar decisões, preferindo esperar passivamente por forças externas que decidam por elas. Nunca tentam ativamente mudar suas circunstâncias, pois acreditam que todas as circunstâncias, como nas tragédias gregas, são controladas por forças irresistíveis e preestabelecidas. Alguns fatalistas são pessoas muito religiosas, que pensam em Deus como aquele que determina e controla o destino. Essa visão é expressa na estrofe de um de nossos hinos cristãos:

> *Embora escuro meu caminho e triste minha sorte,*
> *Deixe-me ficar quieto e não murmure,*
> *Mas exale a oração divinamente ensinada,*
> *Seja feita a tua vontade.*

Ao acreditarem que a liberdade é um mito, os fatalistas se rendem a um determinismo paralisante, que conclui que somos

> *Nada mais que Peças indefesas do Jogo que Ele joga*
> *Neste Tabuleiro de damas de Noites e Dias;*

e que não precisamos nos preocupar com o futuro, pois

> *O Dedo em Movimento escreve; e, tendo escrito,*
> *Continua: nem toda a tua Piedade ou Inteligência*
> *Fará com que cancele sequer metade de uma Linha,*
> *Nem todas as tuas Lágrimas apagarão uma Palavra.*

Afundar nas areias movediças do fatalismo é ao mesmo tempo intelectual e psicologicamente sufocante. Como a liberdade é uma parte da essência do homem, o fatalista, ao negar a liberdade, torna-se um fantoche, não uma pessoa. O fatalista está certo em sua convicção de que não existe liberdade absoluta e de que a liberdade sempre opera dentro do contexto de uma estrutura predestinada. A experiência comum ensina que um homem é livre para ir para o norte, de Atlanta até Washington, ou para o sul, de Atlanta até Miami, mas não pode ir para o norte para chegar a Miami nem para o sul para chegar a Washington. A liberdade está sempre dentro da estrutura do destino. *Mas existe liberdade.* Somos livres e temos um destino. Liberdade é o ato de deliberar, decidir e reagir dentro de nossa natureza destinada. Embora o destino possa impedir que cheguemos a uma atraente Espanha, temos a capacidade de aceitar tal desilusão, de reagir e de fazer algo sobre a própria desilusão. Mas o fatalismo frustra o indivíduo, tornando-o desamparadamente inadequado para a vida.

O fatalismo, além disso, baseia-se em uma terrível concepção de Deus, pois tudo, seja bom, seja mau, é considerado como a representação da vontade de Deus. Uma religião saudável está acima da ideia de que Deus deseja o mal. Apesar de permitir o mal para preservar a liberdade do homem, Deus não causa o mal. O que é desejado é intencional, e acreditar que Deus deseja que uma criança nasça cega ou que um homem sofra a devastação da loucura é pura heresia, retratando Deus como um diabo e não como um Pai amoroso. A aceitação do fatalismo é uma maneira tão trágica e perigosa de enfrentar o problema dos sonhos não realizados quanto a amargura e a desistência.

II

Qual é, então, a resposta? A resposta está na nossa aceitação voluntária de circunstâncias indesejadas e infelizes mesmo quando ainda nos apegamos a uma radiante esperança, na nossa aceitação de desilusões finitas mesmo quando aderimos à esperança infinita. Essa não é a aceitação severa e amarga do fatalista, mas a realização encontrada nas palavras de Jeremias: "Verdadeiramente esta é uma tristeza, e eu tenho que suportá-la".

É preciso confrontar com honestidade o sonho despedaçado. Seguir o método escapista de tentar tirar a decepção de sua mente levará a uma repressão prejudicial em termos psicológicos. Mantenha seu fracasso bem à vista e encare-o com ousadia. Pergunte a si mesmo: "Como posso transformar esse passivo em um ativo? Como posso, confinado numa pequena cela em Roma e incapaz de chegar à Espanha da vida, transmutar essa masmorra de vergonha em um paraíso de sofrimento redentor?". Quase tudo o que acontece conosco pode ter sido tramado pelos propósitos de Deus. Pode alongar nossos laços de empatia. Pode romper nosso orgulho egocêntrico. A cruz, que foi desejada por homens maus, foi tecida por Deus na tapeçaria da redenção do mundo.

Muitas das personalidades mais influentes do mundo trocaram seus espinhos por coroas. Charles Darwin, sofrendo de uma doença física recorrente; Robert Louis Stevenson, atormentado pela tuberculose; e Helen Keller, infligida por cegueira e surdez, responderam não com amargura ou fatalismo, mas com o exercício de um entusiasmado desejo que transformaria circunstâncias negativas em habilidades positivas. Como escreveu o biógrafo de George Frederick Handel:

> Sua saúde e sua fortuna tinham chegado ao ponto mais baixo. Seu lado direito estava paralisado, e seu dinheiro havia acabado. Os credores o prenderam e o ameaçaram com o encarceramento. Por um breve período ele se sentiu tentado a desistir da luta — mas depois se recuperou e compôs a maior de suas inspirações, o épico Messias.

O coro "Aleluia" não nasceu em uma vila isolada na Espanha, mas em uma cela pequena e indesejável.

Como é familiar a experiência de ansiar pela Espanha e acabar em uma prisão romana, e como é menos familiar a transformação dos restos dilacerados de uma expectativa frustrada em oportunidades para servir ao propósito de Deus! Mas uma vida poderosa sempre envolve vitórias sobre a própria alma e a própria situação.

Nós, negros, há muito sonhamos com a liberdade, mas continuamos confinados em uma opressiva prisão de segregação e discriminação. Devemos responder com amargura e cinismo? Certamente não, pois isso destruirá e envenenará nossas personalidades. Devemos concluir que a segregação é a vontade de Deus e nos resignarmos à opressão? Claro que não, pois isso é uma blasfêmia que atribui a Deus o que é do diabo. Cooperar passivamente com um sistema injusto torna os oprimidos tão maus quanto o opressor. Nosso caminho mais frutífero é continuarmos firmes com uma determinação corajosa, avançarmos sem violência em meio a obstáculos e contratempos, aceitar as decepções e nos apegarmos à esperança. Nossa obstinada recusa em não sermos detidos acabará abrindo a porta da realização. Enquanto ainda estivermos na prisão da segregação, devemos perguntar: "Como podemos transformar esse passivo em um ativo?". Ao reconhecermos a necessidade de sofrer por uma causa justa, podemos alcançar a estatura total de nossa humanidade. Para nos protegermos da amargura, precisamos de discernimento para ver nas provações desta geração a oportunidade de transfigurar as duas coisas, nós mesmos e a sociedade americana. Nosso sofrimento atual e nossa luta não violenta pela liberdade podem muito bem oferecer à civilização ocidental o tipo de entusiasmo espiritual tão desesperadamente necessário para a sobrevivência.

Alguns de nós, é claro, vão morrer sem ter realizado seu sonho de liberdade, mas devemos seguir navegando por nosso curso traçado. Precisamos aceitar decepções finitas, mas nunca devemos perder a esperança infinita. Somente assim viveremos sem a fadiga da amargura e o escoadouro do ressentimento.

Esse era o segredo da sobrevivência de nossos antepassados escravizados. A escravidão foi um negócio baixo, sujo e desumano. Quando os escravizados eram retirados da África, seus laços familiares eram cortados e eles eram acorrentados nos navios como animais. Nada é mais trágico do que se separar da família, da língua e de suas raízes. Em muitos casos, maridos eram separados das esposas, e os filhos, dos pais. Quando as mulheres eram obrigadas a satisfazer os impulsos biológicos dos senhores brancos, os maridos escravizados eram impotentes para intervir. No entanto, apesar das crueldades indizíveis, nossos antepassados sobreviveram. Quando uma nova manhã oferecia apenas as mesmas longas fileiras de algodoeiros, um calor sufocante e o chicote de couro do capataz, esses homens e mulheres bravos e corajosos sonhavam com um dia mais radiante. Eles não tinham alternativa senão aceitar o fato da escravidão, mas se apegavam tenazmente à esperança da liberdade. Em uma situação em que parecia não haver esperança, modelaram em suas almas um otimismo criativo que os fortaleceu. Sua vitalidade infinita transformou a escuridão da frustração na luz da esperança.

III

A primeira vez que viajei de Nova York para Londres foi numa aeronave movida a hélices, em um voo de nove horas e meia que hoje é feito em seis horas por um jato. Ao voltar de Londres para os Estados Unidos, disseram-me que o tempo de voo seria de doze horas e meia. A distância era a mesma. Por que essas três horas a mais? Quando o piloto entrou na cabine para cumprimentar os passageiros, pedi que explicasse a diferença do tempo de voo. "Você precisa entender uma coisa sobre os ventos", ele respondeu. "Quando partimos de Nova York, temos um forte vento de cauda a nosso favor, mas, quando voltamos, temos um forte vento de proa contra nós." E acrescentou: "Não se preocupe. Esses quatro motores conseguem enfrentar os ventos". Em nossa vida, às vezes os ventos de cauda da alegria, do triunfo e da satisfação nos favorecem, e às vezes os ventos de proa da decepção, da tristeza e da tragédia sopram implacavelmente contra nós. Devemos deixar que os ventos adversos nos dominem enquanto viajamos pelo poderoso Atlântico da vida, ou fazer com que nossos motores espirituais internos nos sustentem apesar dos ventos? Nossa recusa em sermos detidos, nossa "coragem de ser", nossa determinação de continuar "apesar de" revelam a imagem divina dentro de nós. O homem que faz essa descoberta sabe que nenhum fardo pode sobrecarregá-lo, que nenhum vento de adversidade pode acabar com sua esperança. Esse homem resiste a tudo o que pode acontecer com ele.

Com certeza o apóstolo Paulo tinha esse tipo de "coragem de ser". Sua vida foi uma rodada contínua de decepções. Por todos os lados havia planos frustrados e sonhos despedaçados. Planejando ir à Espanha, foi enviado a uma prisão romana. Na esperança de ir a Bitínia, foi desviado para Trôade. Sua nobre missão para Cristo foi medida "em viagens, muitas vezes em perigos de águas, em perigos de ladrões, em perigos dos da minha própria nação, em perigos dos pagãos, em perigos na cidade, em perigos no deserto, em perigos no mar, em perigos entre os falsos irmãos". Ele deixou que essas condições o dominassem? "Aprendi", declarou, "seja qual for o meu estado, a estar contente com isso". Não é que Paulo tenha aprendido a ser complacente, pois nada em sua vida o caracteriza como um indivíduo complacente. Em seu *Declínio e queda do Império Romano*, Edward Gibbon registra: "Paulo fez mais para promover a ideia de liberdade e direito do que qualquer homem que tenha posto os pés no solo ocidental". Isso parece complacência? Tampouco ele aprendeu a se resignar ao destino inescrutável. Ao descobrir a diferença entre a tranquilidade espiritual e os acidentes externos das circunstâncias, Paulo aprendeu a se manter firme sem se desesperar em meio às decepções da vida.

Cada um de nós que fizer essa magnífica descoberta será, como Paulo, beneficiário dessa verdadeira paz "que excede todo o entendimento". A paz, como o mundo costuma entender, vem quando o céu do verão está claro e o sol brilha em sua beleza cintilante, quando a bolsa está cheia, quando a mente e o corpo estão livres de dor e sofrimento e quando se chega às praias da Espanha. Mas essa não é a paz verdadeira. A paz de que Paulo falou é uma calmaria na alma em meio aos terrores de problemas, a tranquilidade interior em meio aos rugidos e à fúria da tempestade externa, o silêncio sereno no olho de um furacão em meio aos ventos uivantes e agitados. Nós compreendemos de imediato o significado da paz quando tudo está dando certo e quando estamos "por cima", mas ficamos perplexos quando Paulo fala dessa verdadeira paz que surge quando um homem está "por baixo", quando fardos pesam sobre seus ombros, quando a dor lateja de maneira irritante em seu corpo, quando ele é confinado pelas paredes de pedra de uma cela de prisão e quando a decepção é inevitavelmente real. A verdadeira paz, uma calma que excede qualquer definição e explicação, é a paz em meio à tempestade e a tranquilidade em meio ao desastre.

Pela fé, podemos herdar o legado de Jesus: "Eu deixo-vos a paz, a minha paz eu vos dou".[30] Paulo em Filipos, encarcerado em uma masmorra escura e desolada, com o corpo espancado e ensanguentado, os pés acorrentados e o espírito cansado, cantou alegremente as canções de Sião à meia-noite. Os primeiros cristãos, diante de leões famintos na arena e da dor excruciante do cepo do carrasco, alegravam-se por terem sido considerados dignos de sofrer pela causa de Cristo. Escravizados negros, extenuados pelo calor escaldante e com marcas de chicotes recém-talhadas nas costas, cantavam em tom triunfal: "Pouco a pouco, vou me libertar dessa carga pesada". Esses são exemplos vivos da paz que vai além de qualquer compreensão.

Nossa capacidade de lidar criativamente com sonhos despedaçados é, em última análise, determinada por nossa fé em Deus. A

---

30 João 14:27. (N. E.)

fé genuína nos imbui da convicção de que além do tempo há um Espírito divino, e além da vida há a Vida. Por mais desanimadoras e catastróficas que possam ser as circunstâncias presentes, sabemos que não estamos sozinhos, pois Deus está conosco nas celas mais restritivas e opressivas da vida. E, mesmo que morramos lá sem ter recebido a promessa terrena, ele nos conduzirá pela misteriosa estrada chamada morte e, por fim, até a cidade indescritível que preparou para nós. Seu poder criativo não se esgota nesta vida terrena, nem seu amor majestoso se deixa aprisionar pelas limitadas paredes do tempo e do espaço. Não seria este um universo estranhamente irracional se Deus afinal não juntasse virtude e realização, e um universo absurdo e sem sentido se a morte fosse um beco sem saída levando a raça humana a um estado de não existência? Deus por meio de Cristo retirou o aguilhão da morte, libertando-nos de seu domínio. Nossa vida terrena é um prelúdio para um novo despertar glorioso, e a morte é uma porta aberta que nos leva à vida eterna.

A fé cristã nos permite aceitar com nobreza o que não pode ser mudado, enfrentar decepções e tristezas com equilíbrio interior e absorver a dor mais intensa sem abandonar nosso senso de esperança, pois sabemos, como Paulo testemunhou, na vida ou na morte, na Espanha ou em Roma, que "todas as coisas trabalham juntamente para o bem daqueles que amam a Deus, daqueles que são chamados de acordo com o seu propósito".[31]

---

31 Romanos 8:28. (N. E.)

DEZ

NOSSO DEUS É CAPAZ

Ora, àquele que é poderoso para impedir-vos de cair.
Judas 24

No centro da fé cristã está a convicção de que, no universo, existe um Deus poderoso capaz de fazer coisas extremamente abundantes na natureza e na história. Essa convicção é enfatizada muitas e muitas vezes no Velho e no Novo Testamento. Em termos teológicos, essa afirmação é expressa na doutrina da onipotência de Deus. O Deus que adoramos não é um Deus fraco e incompetente. Ele é capaz de combater as ondas gigantescas de oposição e derrubar prodigiosas montanhas do mal. O testemunho altissonante da fé cristã é que Deus é capaz.

Há os que tentam nos convencer de que só o homem é capaz. A tentativa deles de substituir um universo centrado em Deus por um universo centrado no homem não é nova. Teve seu início moderno no Renascimento e, depois, na Era da Razão, quando alguns homens gradualmente passaram a considerar que Deus era um item desnecessário na agenda da vida. Nesses períodos, e mais tarde na Revolução Industrial na Inglaterra, outros questionaram se Deus ainda era mais relevante. Os laboratórios começaram a substituir a Igreja, e o cientista tornou-se um substituto para o profeta. Não poucos se juntaram a Swinburne[32] cantando um novo hino: "Glória ao homem nas alturas! Pois o homem é o senhor das coisas".

Os devotos da nova religião centrada no homem apontam os avanços espetaculares da ciência moderna como justificativa para sua fé. Ciência e tecnologia ampliaram o corpo do homem. O telescópio e a

---

32 Algernon Charles Swinburne (1837-1909) foi um poeta e crítico literário inglês cuja obra incluía temas como masoquismo, flagelação e paganismo. (N. E.)

televisão alargaram seus olhos. O telefone, o rádio e o microfone fortaleceram-lhe a voz e os ouvidos. O automóvel e o avião alongaram suas pernas. As maravilhosas drogas prolongaram sua vida. Essas incríveis conquistas não nos garantiram que o homem é capaz?

Mas ai de nós! Algo abalou a fé daqueles que fizeram do laboratório "a nova catedral das esperanças dos homens". Os instrumentos adorados ontem contêm hoje a morte cósmica, ameaçando mergulhar todos nós no abismo da aniquilação. O homem não é capaz de salvar a si mesmo nem ao mundo. A menos que seja guiado pelo espírito de Deus, seu novo poder científico se tornará um monstro Frankenstein devastador que reduzirá a cinzas sua vida terrena.

Às vezes, outras forças nos levam a questionar a capacidade de Deus. A realidade nua e crua do mal no mundo, à qual Keats chama de "a agonia gigantesca do mundo"; inundações e tornados implacáveis que ceifam pessoas como se fossem ervas daninhas em campo aberto; males como a insanidade atormentando alguns indivíduos desde o nascimento e reduzindo seus dias a ciclos trágicos de ausência de sentido; a loucura da guerra e a barbárie da desumanidade do homem para com o homem — por que, perguntamos, essas coisas acontecem se Deus é capaz de impedi-las? Esse problema, ou seja, o problema do mal, sempre atormentou a mente do homem. Eu limitaria minha resposta a uma afirmação de que grande parte do mal que vivenciamos é causada pela tolice e ignorância do homem e também pelo mau uso de sua liberdade. Além disso, só posso dizer que existe e sempre existirá uma penumbra de mistério em torno de Deus.

O que no momento parece ser um mal pode ter um propósito que nossa mente finita é incapaz de compreender. Assim, apesar da presença do mal e das dúvidas que pairam em nossa mente, não desejaremos renunciar à convicção de que nosso Deus é capaz.

I

Notemos, primeiro, que Deus é capaz de sustentar o vasto escopo do universo físico. Aqui, mais uma vez, somos tentados a acreditar que o homem é o verdadeiro senhor do universo físico. Aviões a jato feitos pelo homem comprimiram em minutos distâncias que antes exigiam semanas de um esforço tortuoso. Naves espaciais feitas pelo homem transportam cosmonautas pelo espaço a velocidades fantásticas. Não estará Deus sendo substituído no domínio da ordem cósmica?

Mas, antes de nos deixarmos consumir demais por nossa arrogância autocentrada, vamos dar uma olhada mais abrangente no universo. Não descobriremos em breve que os instrumentos feitos pelo homem parecem mal se mexer em comparação ao movimento do sistema solar criado por Deus? Pensem no fato, por exemplo, de que a Terra gira tão rapidamente em torno do Sol que o jato mais veloz ficaria 106,2 mil quilômetros atrás na primeira hora de uma corrida espacial. Nos últimos sete minutos, fomos arremessados por cerca de 13 mil quilômetros no espaço. Ou considerem o Sol, que os cientistas nos dizem ser o centro do Sistema Solar. A Terra perfaz uma volta em torno dessa bola de fogo cósmica a cada ano, percorrendo quase 870 milhões de quilômetros a uma velocidade de 107,3 mil quilômetros por hora, ou quase 2,6 milhões de quilômetros por dia. Amanhã a esta hora, estaremos a 2,6 milhões de quilômetros de onde estamos neste centésimo de segundo. O Sol, que parece estar notavelmente próximo, fica a 150 milhões de quilômetros da Terra. Daqui a seis meses estaremos do outro lado do Sol — 150 milhões de quilômetros além dele — e daqui a um ano teremos completado uma volta em torno dele e estaremos novamente onde estamos agora. Assim, quando contemplamos a extensão ilimitada do espaço, no qual somos compelidos a medir as distâncias estelares em anos-

-luz e em que corpos celestes viajam a incríveis velocidades, somos forçados a olhar para além do homem e voltar a afirmar que Deus é capaz.

II

Notemos que Deus é capaz de subjugar todos os poderes do mal. Ao afirmarmos que Deus é capaz de vencê-lo, admitimos a realidade do mal. O cristianismo nunca descartou o mal como algo ilusório ou um erro da mente mortal. Ele considera o mal uma força real e objetiva. Mas o cristianismo afirma que o mal contém a semente da própria destruição. A história é o relato de como as forças do mal avançam com um poder aparentemente irresistível, só para serem esmagadas pelos aríetes das forças da justiça. Existe uma lei no mundo moral — um imperativo silencioso e invisível, semelhante às leis do mundo físico — que nos lembra que a vida só funciona de uma certa maneira. Os Hitlers e os Mussolinis têm seu dia, e, por um período, podem exercer grande poder, espalhando-se como um loureiro, mas logo são cortados como grama e murcham como capim.

Em seu relato explícito da Batalha de Waterloo em *Os miseráveis*, Victor Hugo escreveu:

> *Era possível que Napoleão vencesse essa batalha? Respondemos não. Por quê? Por causa de Wellington? Por causa de Blucher? Não. Por causa de Deus [...]. Napoleão havia sido impugnado ante o Infinito, e sua queda foi decretada. Ele irritou Deus. Waterloo não é uma batalha; é a mudança do front do universo.*

Em um sentido real, Waterloo simboliza a destruição de todos os Napoleões e é um lembrete eterno, para uma geração embriagada pelo poder militar, de que na história, a longo prazo, a lei do mais forte não resolve, e de que o poder da espada não pode conquistar o poder do espírito.

Um sistema maligno, conhecido como colonialismo, conquistou a África e a Ásia. Mas então a lei invisível e silenciosa começou a se impor. O primeiro-ministro Macmillan disse: "O vento da mudança começou a soprar". Os poderosos impérios coloniais começaram a se desintegrar como cartas de baralho, e nações novas e independentes passaram a emergir como oásis refrescantes em desertos sufocados sob o calor da injustiça. Em menos de quinze anos, a independência se alastrou pela Ásia e pela África como uma onda irresistível, libertando mais de 1,5 milhão de pessoas das algemas paralisantes do colonialismo.

Em nosso país, outro sistema injusto e maligno, conhecido como segregação, infligiu ao negro, por quase cem anos, um senso de inferioridade, privou-o de sua personalidade e negou-lhe seu direito à vida, à liberdade e à busca da felicidade. A segregação tem sido o fardo dos negros e a vergonha dos Estados Unidos. Mas, assim como na escala mundial, também em nosso país o vento da mudança começou a soprar. Os acontecimentos se sucederam para trazer um fim gradual ao sistema de segregação. Hoje sabemos com certeza que a segregação está morta. A única questão que resta é quão custoso será o funeral.

Essas grandes mudanças não são meras alterações políticas e sociológicas. Representam a morte de sistemas que nasceram na injustiça, alimentaram-se na desigualdade e ergueram-se na exploração. Elas representam a inevitável decadência de qualquer sistema fundamentado em princípios que não estão em harmonia com as leis morais do universo. Quando homens das gerações futuras se recordarem desses dias turbulentos e cheios de tensão pelos quais estamos passando, verão Deus trabalhando ao longo da história para a salvação do homem. Saberão que Deus estava trabalhando por intermédio dos homens que tiveram a sagacidade de perceber que nenhuma nação poderia sobreviver sendo meio escravizada e meio livre.

Deus é capaz de vencer os males da história. Seu controle nunca é usurpado. Se às vezes nos desesperamos por causa do progresso relativamente lento em acabar com a discriminação racial e se nos sentimos desapontados pela cautela indevida do governo federal, renovemos nosso coração diante do fato de Deus ser capaz. Não estamos sozinhos em nosso caminho às vezes difícil e com frequência solitário pela estrada da liberdade. Deus caminha conosco. Ele inseriu na própria estrutura deste universo certas leis morais absolutas. Não podemos desafiá-las nem desobedecê-las. Se as desobedecermos, elas nos destruirão. As forças do mal podem conquistar temporariamente a verdade, mas a verdade acabará por conquistar seu conquistador. Nosso Deus é capaz. James Russell Lowell estava certo:

> *Truth forever on the scaffold,*
> *Wrong forever on the throne,—*
> *Yet that scaffold sways the future,*
> *and, behind the dim unknown,*
> *Standeth God within the shadow,*
> *keeping watch above his own.*[33]

III

Notemos, finalmente, que Deus é capaz de nos dar recursos interiores para enfrentar as provações e dificuldades da vida. Cada um

---

33 Em tradução livre: "Verdade para sempre no cadafalso, / Injustiça para sempre no trono — / Mas esse cadafalso falseia no futuro, / e, por trás do difuso desconhecido, / Está Deus na sombra, / mantendo-se vigilante com os seus". (N. T.)

de nós enfrenta circunstâncias na vida que nos obrigam a carregar pesadas cargas de tristeza. A adversidade nos assola com a força de um furacão. O brilhante raiar do sol é transformado nas noites mais escuras. Nossas maiores esperanças são destruídas, e nossos sonhos mais nobres são despedaçados.

O cristianismo nunca ignorou essas experiências. Elas são inevitáveis. Como a alternância rítmica na ordem natural, a vida tem a luz do sol brilhante de seus verões e o frio penetrante de seus invernos. Dias de alegria indescritível são seguidos por dias de avassaladora tristeza. A vida tem períodos de inundações e períodos de seca. Quando surgem essas horas sombrias da vida, muitos clamam, como Paul Laurence Dunbar:

> *A crust of bread and a corner to sleep in,*
> *A minute to smile and an hour to weep in,*
> *A pint of joy to a peck of trouble,*
> *And never a laugh but the moans come double;*
> *And that is life!*[34]

Admitindo os problemas pesados e as inacreditáveis desilusões, o cristianismo afirma que Deus é capaz de nos dar o poder de enfrentá-los. Ele é capaz de nos dar o equilíbrio interno para permanecermos firmes em meio às provações e aos fardos da vida. É capaz de proporcionar paz interior em meio a tempestades externas. Essa estabilidade interior do homem de fé é o principal legado de Cristo aos seus discípulos. Ele não oferece recursos materiais nem uma fórmula mágica que nos exime de sofrimento e

---

34 Em tradução livre: "Uma crosta de pão e um canto para dormir, / Um minuto para sorrir e uma hora para chorar, / Uma caneca de alegria para um barril de problemas, / E nunca uma risada, mas os gemidos vêm em dobro; / E isso é a vida!". (N. T.)

perseguição, mas traz um presente imperecível: "Eu deixo-vos a paz".³⁵ Essa é a paz que ultrapassa todo o entendimento.

Às vezes podemos sentir que não precisamos de Deus, mas, no dia em que as tempestades do desapontamento se agitam, que os ventos do desastre sopram e as ondas de tristeza batem contra nossa vida, se não tivermos uma fé profunda e paciente, nossa vida emocional será rasgada em pedaços. Há tanta frustração no mundo por confiarmos em deuses e não em Deus. Fizemos uma genuflexão ante o deus da ciência só para descobrir que ele nos deu a bomba atômica, provocando temores e ansiedades que a ciência nunca pode mitigar. Adoramos o deus do prazer só para descobrir que as emoções esvanecem e as sensações duram pouco. Curvamo-nos diante do deus do dinheiro só para descobrir que existem coisas como amor e amizade, que o dinheiro não pode comprar, e que, em um mundo de possíveis depressões, colapsos da bolsa de valores e maus investimentos comerciais, o dinheiro é uma divindade bastante incerta. Esses deuses transitórios não são capazes de nos salvar ou trazer felicidade ao coração humano.

Somente Deus é capaz. É a fé nele que devemos redescobrir. Com essa fé podemos transformar vales sombrios e desolados em caminhos ensolarados de alegria, e levar uma nova luz às cavernas escuras do pessimismo. Alguém aqui está caminhando em direção ao crepúsculo da vida e com medo daquilo que chamamos de morte? Por que ter medo? Deus é capaz. Alguém está à beira do desespero por causa da morte de um ente querido, da ruptura de um casamento ou dos descaminhos de um filho? Por que se desesperar? Deus é capaz de lhes dar o poder de suportar o que não pode ser mudado. Alguém aqui está ansioso por causa de problemas de saúde? Por que se sentir ansioso? Venha o que vier, Deus é capaz.

---

35 João 14:27. (N. E.)

Chegando agora à conclusão da minha mensagem, gostaria que me permitissem relatar uma experiência pessoal. Os primeiros 24 anos da minha vida foram plenos de realizações. Não tive problemas ou fardos básicos. Com pais preocupados e amorosos que atendiam a todas as minhas necessidades, passei pelo ensino médio, pela faculdade, pela escola teológica e pela pós-graduação sem interrupções. Só quando me tornei parte da liderança do protesto contra os ônibus de Montgomery eu fui de fato confrontado pelas provações da vida. Quase imediatamente depois do protesto, começamos a receber telefonemas e cartas ameaçadoras em nossa casa. Esporádicos no início, aumentaram dia após dia. No começo não me perturbei, achando que eram obra de alguns fanáticos que desistiriam quando descobrissem que não iríamos reagir. Porém, com o passar das semanas, percebi que muitas daquelas ameaças eram sérias. Eu me senti vacilante e cada vez mais temeroso.

Depois de um dia particularmente árduo, fui me deitar tarde da noite. Minha esposa já dormia e eu estava quase adormecendo quando o telefone tocou. Uma voz furiosa disse: "Escute, seu preto, nós pegamos tudo o que quisemos de você. Antes da semana que vem você vai se arrepender de ter vindo a Montgomery". Desliguei o telefone, mas não consegui dormir. Parecia que todos os meus medos se abateram sobre mim de uma vez só. Eu tinha chegado ao limite.

Saí da cama e comecei a andar pela casa. Por fim, fui até a cozinha e aqueci um bule de café. Eu estava prestes a desistir. Tentei pensar numa maneira de sair de cena sem parecer covarde. Naquele estado de exaustão, quando minha coragem quase se esgotava, decidi levar meu problema a Deus. Com a cabeça entre as mãos, debrucei-me sobre a mesa da cozinha e rezei em voz alta. As palavras que eu disse a Deus naquela meia-noite ainda estão vívidas em minha memória. "Estou aqui defendendo o que acredito ser certo. Mas agora estou com medo. As pessoas olham para mim em busca de uma liderança, e, se eu me apresentar diante delas sem força e coragem, elas também vão vacilar. Estou no fim das minhas energias. Não sobrou nada. Cheguei a um ponto em que não consigo enfrentar isso sozinho."

Naquele momento, vivenciei a presença do Divino como nunca antes. Era como se eu pudesse ouvir a segurança tranquila de uma voz interior, dizendo: "Defenda a justiça, defenda a verdade. Deus estará sempre ao seu lado". Quase de imediato, meus temores começaram a esmaecer. Minha insegurança desapareceu. Eu estava pronto para enfrentar qualquer coisa. A situação exterior continuou a mesma, mas Deus me deu uma calma interior.

Três noites depois, nossa casa sofreu um ataque à bomba. Estranhamente, aceitei com toda a calma a notícia do bombardeio. Minha experiência com Deus havia me dado uma força e uma confiança renovadas. Agora eu sabia que Deus é capaz de nos dar os recursos interiores para enfrentar as tempestades e os problemas da vida.

Que essa afirmação seja o nosso clamor. Ela nos dará coragem para enfrentar as incertezas do futuro. Proporcionará uma nova força aos nossos pés cansados enquanto continuamos nossos passos em direção à cidade da liberdade. Quando nossos dias se tornam sombrios com nuvens baixas e nossas noites se tornam mais escuras do que mil noites, lembremo-nos de que existe no universo um grande poder benigno cujo nome é Deus, e ele é capaz de abrir um caminho onde não há caminhos, e de transformar o ontem escuro em amanhãs radiantes. Essa é a nossa esperança de nos tornarmos homens melhores. Esse é o nosso mandato para procurar fazer um mundo melhor.

ONZE

ANTÍDOTOS PARA O MEDO

*Não há temor no amor; mas o amor perfeito
lança fora o medo; porque o medo traz tormento.
Aquele que teme não é perfeito em amor.*

1 João 4:18

Nestes dias de mudanças catastróficas e incerteza calamitosa, existe alguém que não sinta a depressão e a perplexidade do medo incapacitante, que, como um cão do inferno, persegue cada um dos nossos passos?

Em todos os lugares, homens e mulheres são confrontados por temores que geralmente aparecem sob estranhos disfarces e numa variedade digna de um guarda-roupa. Atormentados pela possibilidade de problemas de saúde, detectamos em cada sintoma insignificante a evidência de alguma doença. Preocupados com o fato de que os dias e anos passam tão depressa, tomamos doses de drogas que prometem juventude eterna. Se formos fisicamente vigorosos, ficamos tão preocupados com a perspectiva de que nossa personalidade possa entrar em colapso que desenvolvemos um complexo de inferioridade e tropeçamos pela vida com um sentimento de insegurança, falta de autoconfiança e uma sensação de fracasso iminente. O medo do que a vida pode trazer faz algumas pessoas vagarem sem rumo pela esburacada estrada do consumo excessivo de bebidas e da promiscuidade sexual. Quase sem terem consciência da mudança, muitos têm permitido que o medo transforme o nascer do sol do amor e da paz em um pôr do sol de depressão interior.

Quando deixado à solta, o medo gera uma série de fobias — medo da água, de lugares altos, de salas fechadas, da escuridão e da solidão, entre outros —, e esse acúmulo culmina na fobofobia, ou medo do próprio medo.

Especialmente comuns em nossa sociedade, marcada pela alta competitividade, são os temores econômicos, dos quais, diz Karen Horney, se origina a maioria dos problemas psicológicos de nossa época. Capitães da indústria são atormentados pelo possível fracasso de seus negócios e pelos caprichos do mercado de ações. Funcionários são afligidos pela perspectiva de desemprego e pelas consequências de uma automação cada vez maior.

E considerem também a multiplicação, em nossos dias, de temores religiosos e ontológicos, que incluem o medo da morte e da aniquilação racial. O advento da era atômica, que deveria ter iniciado um período de abundância e prosperidade, levou o medo da morte a proporções mórbidas. O espetáculo aterrorizante da guerra nuclear pôs as palavras de Hamlet, "Ser ou não ser", em milhões de lábios trêmulos. Vejam nossos esforços frenéticos para construir abrigos nucleares. Como se eles oferecessem refúgio contra um ataque da bomba H! Vejam o desespero angustiante de nossas petições para que nosso governo aumente suas reservas nucleares. Mas nossa busca fanática por manter um "equilíbrio do terror" só aumenta nosso medo e deixa os países na ponta dos pés, temendo que alguma gafe diplomática possa provocar um holocausto assustador.

Percebendo que o medo drena a energia de um homem e esgota seus recursos, Emerson escreveu: "Não aprendeu a lição da vida quem não supera um medo a cada dia".

Mas não pretendo sugerir que devemos tentar eliminar o medo por completo da vida humana. Fosse isso possível, na prática seria indesejável. O medo é o sistema elementar de alarme do organismo humano, que adverte sobre a aproximação de perigos e sem o qual o homem não poderia sobreviver nos mundos primitivo ou moderno. Além disso, o medo é uma força poderosa e criativa. Toda grande invenção e avanço intelectual representa um desejo de escapar de alguma circunstância ou condição temida. O medo da escuridão levou à descoberta do segredo da eletricidade. O medo da dor levou aos maravilhosos avanços da ciência médica. O medo da ignorância foi uma das razões pelas quais o homem construiu excelentes instituições de ensino. O medo da guerra foi uma das forças por trás do nascimento da Organização das Nações Unidas. Angelo Patri disse, com razão: "A educação consiste em ter medo na hora certa". Se perdesse sua capacidade de temer, o homem seria privado de sua capacidade de crescer, inventar e criar. Então, em certo sentido, o medo é algo normal, necessário e criativo.

Mas devemos lembrar que os medos anormais são emocionalmente ruinosos e psicologicamente destrutivos. Para ilustrar a diferença entre o medo normal e o anormal, Sigmund Freud falou de uma pessoa com um medo racional de cobras por estar no coração de uma selva africana, e de outra com um medo neurótico de que houvesse cobras embaixo do tapete do seu apartamento na cidade. Os psicólogos dizem que crianças normais nascem com apenas dois medos — medo de cair e medo de barulhos altos — e que todos os outros são adquiridos no ambiente. Entre esses medos adquiridos, a maioria é de cobras embaixo do tapete.

É a tais medos que em geral nos referimos quando falamos em nos livrar do medo. Mas essa é apenas parte da história. O medo normal nos protege; o medo anormal nos paralisa. O medo normal nos motiva a melhorar nosso bem-estar individual e coletivo; o medo anormal constantemente envenena e distorce nossa vida interior. O problema não é nos livrarmos do medo, mas assumir o controle e dominá-lo. Como o medo pode ser dominado?

I

Primeiro, precisamos enfrentar nossos medos sem hesitar, e nos perguntar honestamente por que estamos com medo. Esse confronto, em certa medida, nos concederá poder. Nunca seremos curados do medo pelo escapismo ou pelo recalque, pois quanto mais tentamos ignorar e reprimir nossos medos, mais multiplicamos nossos conflitos internos.

Ao encararmos nossos medos de modo objetivo e honesto, aprendemos que muitos deles são vestígios de alguma carência ou apreensão vivida na infância. É o caso, por exemplo, de uma pessoa que, atormentada pelo medo da morte ou pela expectativa de punição na vida após a morte, descobre que projetou de maneira inconsciente, em toda a realidade, sua experiência infantil de ser punida pelos pais, trancada num quarto e aparentemente abandonada. Ou o caso de um homem que, atormentado pelo medo da inferioridade e da rejeição social, descobre que a rejeição na infância por uma mãe egocêntrica e um pai preocupado o deixou com um sentimento autodestrutivo de inadequação e uma amargura reprimida em relação à vida.

Ao trazermos nossos medos à vanguarda da consciência, podemos perceber que são mais imaginários do que reais. Alguns deles serão cobras embaixo do tapete.

E lembremos também que, na maioria das vezes, o medo envolve o mau uso da imaginação. Quando deixamos nossos medos em aberto, podemos rir de alguns deles, e isso é bom. Um psiquiatra disse: "O ridículo é a principal cura para o medo e a ansiedade".

II

Segundo, podemos dominar o medo por meio de uma das virtudes supremas conhecidas pelo homem: a coragem. Platão considerava a coragem um elemento da alma que estabelece a ponte entre razão e desejo. Aristóteles pensava na coragem como a afirmação da natureza essencial do homem. Tomás de Aquino disse que a coragem é a força da mente capaz de conquistar o que ameaça a realização do bem maior.

A coragem, portanto, é o poder da mente para superar o medo. Ao contrário da ansiedade, o medo tem um objeto definido que pode ser enfrentado, analisado, atacado e, se necessário, suportado. Quantas vezes o objeto do nosso medo é o próprio medo? Em seu *Diário,* Henry David Thoreau escreveu: "Nada deve ser tão temido quanto o medo". Séculos antes, Epiteto escreveu: "Pois o assustador não é a morte ou o sofrimento, mas o medo da morte e do sofrimento". A coragem leva em conta o medo produzido por um objeto definido, e assim conquista o medo envolvido. Paul Tillich escreveu: "A coragem é autoafirmação 'apesar de' [...] daquilo que tende a impedir o eu de se afirmar". É a autoafirmação apesar da morte e do não ser, e quem é corajoso incorpora o medo da morte em sua autoafirmação e atua sobre ele. Essa autoafirmação corajosa, que com certeza é um remédio para o medo, não é egoísmo, pois a autoafirmação inclui tanto um amor-próprio adequado como um amor adequadamente oferecido aos outros. Erich Fromm mostrou em termos convincentes que o tipo certo de amor-próprio e o tipo certo de amor pelos outros são interdependentes.

A coragem, determinação de não ser subjugado por nenhum objeto, por mais assustador que seja, nos permite enfrentar qualquer medo. Muitos de nossos medos não são meras cobras embaixo do tapete. Problemas são uma realidade nessa estranha mistura da vida, e os perigos se escondem nos limites de qualquer ação, acidentes acontecem, questões de saúde são uma possibilidade sempre ameaçadora e a morte é um fato severo, sombrio e inevitável da experiência humana. O mal e a dor nesse enigma da vida estão próximos de cada um de nós, e prestamos um grande desserviço a nós mesmos e aos nossos próximos quando tentamos provar que não há nada neste mundo de que devamos ter medo. Essas forças que ameaçam negar a vida devem ser enfrentadas pela coragem, que é o poder da vida de se afirmar apesar das ambiguidades da vida. Isso requer o exercício de uma vontade criativa que nos permite extrair uma pedra de esperança de uma montanha de desespero.

Coragem e covardia são antagônicas. Coragem é uma resolução interna de seguir em frente a despeito de obstáculos e situações assustadoras; covardia é a rendição submissa à circunstância. A coragem gera uma autoafirmação criativa; a covardia produz uma abnegação destrutiva. A coragem encara o medo e, assim, o domina; a covardia reprime o medo e, portanto, é dominada por ele. Homens corajosos nunca perdem o gosto de viver, ainda que sua situação na vida seja entediante; homens covardes, subjugados pelas incertezas da vida, perdem a vontade de viver. Precisamos permanentemente construir diques de coragem para represar a enchente do medo.

III

Terceiro, o medo é dominado por meio do amor. O Novo Testamento afirma: "Não há temor no amor, mas o amor perfeito lança fora o medo".[36] O tipo de amor que levou Cristo a uma cruz e manteve Paulo imperturbável em meio às torrentes furiosas da perseguição não é suave, fraco e sentimental. Esse amor enfrenta o mal sem vacilar e mostra, em nossa linguagem popular, uma capacidade infinita de "aceitar". Esse amor supera o mundo, mesmo da perspectiva de uma cruz rudimentar estampada no horizonte.

---

36   1 João 4:18. (N. E.)

Mas terá o amor alguma relação com nosso medo moderno da guerra, do desajustamento econômico e da injustiça racial? O ódio está enraizado no medo, e a única cura para o medo e o ódio é o amor. A deterioração da nossa situação internacional é trespassada pelos dardos letais do medo. A Rússia teme os Estados Unidos, e os Estados Unidos temem a Rússia. O mesmo acontece entre a China e a Índia, entre israelenses e árabes. Esses temores incluem a agressão por outro país, a supremacia científica e tecnológica e o poder econômico, e nossa própria perda de status e poder. O medo não é uma das principais causas da guerra? Dizemos que a guerra é uma consequência do ódio, mas um exame minucioso revela esta sequência: primeiro o medo, depois o ódio, em seguida a guerra, e finalmente o ódio mais profundo. Se o pesadelo de uma guerra nuclear assolasse nosso mundo, a causa não seria tanto de uma nação odiar outra, mas de as duas nações temerem uma à outra.

Que método a sofisticada engenhosidade do homem moderno empregou para lidar com o medo da guerra? Nós nos armamos até o enésimo grau. O Ocidente e o Oriente se engajaram em uma corrida armamentista. Os gastos com defesa se elevaram a proporções montanhosas, e as armas de destruição ganharam prioridade em comparação a todos os outros empreendimentos humanos. As nações acreditaram que armamentos maiores eliminariam o medo. Mas ai de nós! Eles produziram um medo maior. Nestes dias turbulentos e apavorantes, mais uma vez nos lembramos das palavras judiciosas de antigamente: "O amor perfeito lança fora o medo". Não são as armas, mas o amor, a compreensão e a boa vontade organizada que podem eliminar o medo. Apenas o desarmamento, fundamentado na boa fé, fará da confiança mútua uma realidade viva.

Nosso problema de injustiça racial deve ser resolvido pela mesma fórmula. A segregação racial é apoiada por esses medos irracionais, como a perda de privilégios econômicos preferenciais, alterações do status social, casamentos inter-raciais e adaptação a novas situações. Ao longo de noites de insônia e dias de amargura, inúmeros brancos procuram combater esses medos corrosivos por diversos métodos. Ao seguir o caminho do escapismo, alguns tentam ignorar a questão das relações raciais e fechar a mente para as questões envolvidas. Outros, confiando em manobras legais, como intervenções e anulações, apregoam uma resistência maciça. Outros ainda pretendem afogar seus temores se envolvendo em atos de violência e maldade para com os irmãos negros. Mas quão fúteis são todos esses remédios! Em vez de eliminar o medo, instilam temores mais profundos e patológicos, infligindo a suas vítimas psicoses estranhas e casos peculiares de paranoia. Nem o recalque, nem a resistência maciça, nem a violência agressiva eliminarão o medo da integração; só o amor e a boa vontade podem fazer isso.

Se quiserem dominar o medo, nossos irmãos brancos devem depender não apenas de seu compromisso com o amor cristão, mas também do amor cristão que os negros emanam na direção deles. Só com nossa adesão ao amor e à não violência, os temores da comunidade branca poderão ser mitigados. Uma minoria branca de consciência pesada teme que, se chegarem ao poder, os negros buscarão vingança, sem restrições ou piedade, pelas injustiças e pela brutalidade acumuladas ao longo dos anos. Um pai que sempre tratou mau o filho de repente percebe que o filho está agora mais alto que ele. Será que o filho vai usar esse novo poder físico para retribuir todos os golpes do passado?

Outrora crianças desamparadas, os negros agora crescem política, cultural e economicamente. Muitos homens brancos temem uma retaliação. Os negros precisam mostrar a eles que não há nada a temer, pois o negro perdoa e está disposto a esquecer o passado. *Os negros devem convencer o homem branco de que buscam justiça tanto para si como para o homem branco.* Um movimento de massa exercendo o amor e a não violência e manifestando um poder disciplinado deveria convencer a comunidade branca de que, para um movimento desse tipo ganhar força, seu poder teria de ser usado de maneira criativa e não vingativa.

Qual é, então, a cura para esse medo mórbido da integração? Nós conhecemos a cura. Que Deus nos ajude a alcançá-la! O amor lança fora o medo.

Essa verdade não deixa de ter um peso sobre nossas ansiedades pessoais. Temos medo da superioridade de outras pessoas, do fracasso, do desprezo e da desaprovação daqueles cujas opiniões mais valorizamos. A inveja, o ciúme, a falta de autoconfiança, um sentimento de insegurança e um torturante complexo de inferioridade — tudo isso está enraizado no medo. Não invejamos as pessoas e depois as temermos; primeiro nós as temermos e depois ficamos com ciúme delas. Existe uma cura para esses temores irritantes que pervertem nossa vida pessoal? Sim, um profundo e permanente compromisso com o caminho do amor. "O amor perfeito lança fora o medo."

O ódio e a amargura nunca conseguirão curar a doença do medo; só o amor pode fazer isso. O ódio paralisa a vida; o amor a liberta. O ódio confunde a vida; o amor a harmoniza. O ódio escurece a vida; o amor a ilumina.

IV

Quarto, o medo é dominado por meio da fé. Uma fonte comum do medo é a consciência de recursos deficitários e de uma consequente inadequação para a vida. Muitas pessoas tentam enfrentar as tensões da vida sem dispor de recursos espirituais adequados. Quando passamos férias no México, eu e a sra. King quisemos ir pescar em alto-mar. Por razões de economia, alugamos um barco velho e mal equipado. Não demos muita importância a isso até que, a mais de quinze quilômetros da costa, as nuvens baixaram e ventos uivantes começaram a soprar. Aí ficamos paralisados de medo, pois sabíamos das deficiências do nosso barco. Multidões de pessoas estão em situação semelhante. Ventos fortes e barcos fracos explicam seu medo.

Muitos de nossos temores anormais podem ser tratados pela psiquiatria, uma disciplina relativamente nova iniciada por Sigmund Freud, que estuda os impulsos subconscientes dos homens e procura descobrir como e por que energias fundamentais são redirecionadas para vias neuróticas. A psiquiatria nos ajuda a encarar nosso interior e a procurar as causas de nossos fracassos e temores. Mas grande parte da nossa vida cheia de medos envolve um domínio em que a psiquiatria é ineficaz, a menos que o psiquiatra seja um homem de fé religiosa. Pois nosso problema é simplesmente o fato de tentarmos enfrentar o medo sem fé; de navegarmos pelos mares tempestuosos da vida sem barcos espirituais adequados. Um dos mais renomados médicos dos Estados Unidos disse: "A única cura conhecida para o medo é a fé".

Medos e fobias anormais expressos na ansiedade neurótica podem ser curados pela psiquiatria; mas o medo da morte, do não ser e do nada, expressos na ansiedade existencial, só pode ser curado por uma fé religiosa positiva.

Uma fé religiosa positiva não oferece a ilusão de que estaremos isentos de dor e de sofrimento, nem nos incute a ideia de que a vida é um cenário de conforto total e livre de preocupações. Em vez disso, ela nos instila com o equilíbrio interno necessário para enfrentar as tensões, os fardos e os medos que inevitavelmente surgem, assegurando que o universo é confiável e que Deus não está indiferente.

A irreligião, por outro lado, nos faz acreditar que somos órfãos lançados nas aterrorizantes imensidões do espaço num universo sem propósito nem inteligência. Tal visão drena a coragem e exaure as energias dos homens. Em *Uma confissão*, Tolstói escreveu sobre a solidão e o vazio que sentia antes de sua conversão:

> Houve um período na minha vida em que tudo parecia estar desmoronando, os próprios fundamentos de minhas convicções começaram a ceder, e eu me senti sendo feito em pedaços. Não existia uma influência que sustentasse minha vida e não existia Deus, e, assim, todas as noites antes de dormir eu me certificava de que não havia uma corda no meu quarto, para não ser tentado durante a noite a me enforcar nas vigas do teto; e parei de sair para caçar para não ser tentado a pôr um fim rápido à minha vida e à minha infelicidade.

Assim como tanta gente, naquele estágio de sua vida Tolstói carecia da influência sustentadora que advém da convicção de que esse universo é guiado por uma inteligência benigna, cujo amor infinito abraça toda a humanidade.

A religião nos dá a convicção de que não estamos sozinhos neste vasto e incerto universo. Abaixo e acima das areias movediças do tempo, das incertezas que obscurecem nossos dias e das vicissitudes que nublam nossas noites, existe um Deus sábio e amoroso. Este universo não é uma manifestação trágica de um caos sem sentido, mas uma maravilhosa demonstração de um cosmo ordenado — "O Senhor pela sabedoria fundou a Terra; pelo entendimento estabeleceu os céus". O homem não é um fiapo de fumaça em uma brasa ilimitada, mas um filho criado "menor do que os anjos". Acima da imensidão do tempo está o Deus eterno, com sabedoria para nos guiar, força para nos proteger e amor para nos guardar. Seu amor sem limites nos sustenta e nos contém, como um poderoso oceano contém e sustenta as minúsculas gotas de cada onda. Com sua plenitude afluente, ele está sempre se movendo em nossa direção, procurando preencher com recursos ilimitados os pequenos riachos e baías de nossa vida. Esse é o duradouro diapasão da religião, sua resposta eterna ao enigma da existência. Qualquer homem que encontrar esse sustento cósmico consegue percorrer as estradas da vida sem a fadiga do pessimismo e o peso de temores mórbidos.

Nisso reside a resposta ao medo neurótico da morte que assola tantas de nossas vidas. Encaremos o medo despertado pela bomba atômica com a fé de que nunca poderemos viajar para além dos braços do Divino. A morte é inevitável. É uma democracia para todos, não uma aristocracia para poucos — reis morrem e mendigos morrem; jovens morrem e velhos morrem; homens instruídos morrem e homens ignorantes morrem. Não precisamos ter medo disso. O Deus que fez nosso rodopiante planeta a partir do vapor primitivo e liderou a peregrinação humana por muitos séculos pode certamente nos conduzir pela noite escura da morte até o amanhecer brilhante da vida eterna. Sua vontade é perfeita demais e seus propósitos são abrangentes demais para serem contidos no limitado receptáculo do tempo e nas estreitas muralhas da Terra. A morte não é o mal supremo; o mal supremo é estar fora do amor de Deus. Não precisamos aderir à louca corrida para adquirir um abrigo nuclear na Terra. Deus é o nosso abrigo nuclear eterno.

Jesus sabia que nada poderia separar o homem do amor de Deus. Vejam suas majestosas palavras:

> *Portanto, não os temais; porque nada há encoberto que não venha a ser revelado, nem oculto que não venha a ser conhecido [...]. E não temais os que matam o corpo, mas não podem matar a alma; temei antes aquele que pode destruir tanto a alma como o corpo no inferno. Não se vendem dois pardais por um asse? E nenhum deles cairá em terra sem vosso Pai. Mas os próprios cabelos da vossa cabeça estão todos contados. Portanto, não temais; mais valeis vós do que muitos pardais.*

O homem, para Jesus, não é um mero destroço ou uma mera carga largada no rio da vida, mas um filho de Deus. Não é irracional supor que Deus, cuja atividade criativa é expressa por sua atenção à queda de um passarinho e ao número de cabelos na cabeça de um homem, exclui do seu amor abrangente a vida do próprio homem? A confiança de que Deus está atento ao indivíduo é de tremenda importância quando lidamos com a doença do medo, pois nos dá uma sensação de valer a pena, de fazer parte e de nos sentirmos em casa no universo.

Um dos participantes mais dedicados no protesto dos ônibus em Montgomery, Alabama, era uma negra idosa a quem chamamos carinhosamente de Mãe Pollard. Embora fosse pobre e sem instrução, era incrivelmente inteligente e tinha uma compreensão profunda do significado do movimento. Depois de andar por várias semanas, perguntaram-lhe se estava cansada. Com profundidade não gramatical, ela respondeu: "Meus pés tá cansado, mas minha alma tá descansada".

Numa noite de segunda-feira, depois de uma semana cheia de tensão, que incluiu ser preso e receber inúmeras ligações telefônicas ameaçadoras, falei em uma assembleia. Tentei transmitir uma impressão aberta de força e coragem, embora por dentro estivesse deprimido e com medo. No final da reunião, Mãe Pollard veio até a frente da igreja e falou: "Vem cá, filho". Na mesma hora fui até ela e a abracei afetuosamente. "Tem alguma coisa errada com você", disse. "Você não falou forte esta noite." Tentando disfarçar meus temores, respondi: "Ah, não, Mãe Pollard, não tem nada de errado. Estou me sentindo bem como sempre". Mas sua constatação era perspicaz. "Você não me engana", ela replicou. "Eu sei que tem alguma coisa errada. A gente tá fazendo alguma coisa que você não gosta? Ou os brancos tão te perturbando?" Antes que eu pudesse responder, ela olhou diretamente em meus olhos e perguntou: "Eu não falei que a gente tá com você até o fim?". Então seu rosto ficou radiante, e ela disse com tranquilidade e convicção: "Mas, mesmo que a gente não estivesse com você, Deus vai cuidar de você". Quando ela pronunciou aquelas palavras de consolo, tudo em mim estremeceu e acelerou com um tremor pulsante de energia bruta.

Desde aquela noite terrível em 1956, Mãe Pollard deixou este mundo e eu tive pouquíssimos dias de tranquilidade. Sentia-me torturado por fora e atormentado por dentro por uma terrível aflição. Precisei reunir toda minha força e coragem para aguentar os ventos uivantes da dor e os trancos das tempestades de adversidade. Mas, com o passar dos anos, as eloquentes e simples palavras de Mãe Pollard voltaram várias vezes para dar luz, paz e orientação à minha alma perturbada. "Deus vai cuidar de você."

Essa fé transforma o turbilhão do desespero em uma brisa cálida e revigorante de esperança. As palavras de um lema que, uma geração atrás, era comumente encontrado na parede dos lares de pessoas devotas precisam ser gravadas em nosso coração:

> *O medo bateu na porta.*
> *A fé respondeu.*
> *Não havia ninguém lá.*

DOZE

A RESPOSTA A UMA PERGUNTA DESCONCERTANTE

Por que nós não pudemos expulsá-lo?
Mateus 17:19

A vida humana ao longo dos séculos tem se caracterizado pelos persistentes esforços do homem para remover o mal da Terra. Poucas vezes o homem se ajustou totalmente ao mal, pois, apesar de suas racionalizações, compromissos e álibis, ele sabe que o "é" não é o "deveria ser", e que o real não é o possível. Embora os males da sensualidade, do egoísmo e da crueldade muitas vezes invadam sua alma de maneira agressiva, alguma coisa interior lhe diz que eles são intrusos e o faz lembrar-se de seu destino mais elevado e de sua lealdade mais nobre. A propensão do homem ao demoníaco é sempre perturbada por seu anseio pelo divino. Mesmo tentando se adaptar às demandas do tempo, ele sabe que a eternidade é seu habitat definitivo. Quando se volta para si mesmo, o homem sabe que o mal é um invasor estrangeiro que deve ser expulso dos solos nativos de sua alma para que ele consiga alcançar a dignidade moral e espiritual.

Mas o problema que sempre atrapalhou o homem tem sido a incapacidade de vencer o mal pelo próprio poder. Com uma perplexidade patética, ele pergunta: "Por que eu não posso expulsá-lo? Por que não consigo remover esse mal da minha vida?".

Essa pergunta aflitiva e desconcertante remete a um evento que ocorreu logo depois da transfiguração de Cristo. Quando descia da montanha, Jesus encontrou um menino tomado por terríveis convulsões. Seus discípulos já tinham tentado desesperadamente curar a criança infeliz, mas quanto mais faziam para curá-lo, mais percebiam a inépcia e as limitações patéticas de seu poder. Quando estavam prestes a desistir, desesperançados, seu

Senhor apareceu em cena. Depois que o pai do menino falou com Jesus sobre o fracasso dos discípulos, "repreendeu Jesus o demônio, que saiu dele; e desde aquela hora ficou o menino curado".[37] Mais tarde, quando ficaram a sós com o Mestre, os discípulos lhe perguntaram: "Por que nós não pudemos expulsá-lo?". Eles queriam uma explicação para suas óbvias limitações. Jesus disse que fora por causa da incredulidade: "Se tiverdes fé como um grão de semente da mostarda, direis a este monte: Remove-te daqui para lá, e será removido; e nada será impossível para vós".[38] Eles tentaram fazer sozinhos o que só poderia ser feito depois de terem entregado a própria natureza a Deus, para que a força do Mestre fluísse livremente neles.

---

37 Mateus 17:18. (N. E.)
38 Mateus 17:20. (N. E.)

I

Como o mal pode ser expulso? Em geral os homens seguem dois caminhos para eliminá-lo, e assim salvar o mundo. O primeiro apela ao homem para remover o mal usando o próprio poder e engenhosidade, na estranha convicção de que, ao pensar, inventar e dominar, ele finalmente conquistará as persistentes forças do mal. Dê às pessoas uma justa oportunidade e uma educação decente, e elas se salvarão. Essa ideia, que assola o mundo moderno como uma praga, expulsou Deus e admitiu o homem, substituindo a orientação divina pela engenhosidade humana. Alguns sugerem que esse conceito foi introduzido durante o Renascimento, quando a razão destronou a religião, ou mais tarde, quando *A origem das espécies* de Darwin substituiu a crença na criação pela teoria da evolução, ou quando a Revolução Industrial voltou o coração dos homens para confortos materiais e conveniências físicas. De qualquer forma, a ideia da capacidade do homem para resolver os males da história chamou a atenção das pessoas, dando origem ao otimismo fácil do século XIX, à doutrina do progresso inevitável, à máxima de Rousseau sobre a "bondade natural do homem" e à convicção de Condorcet de que, com o uso da razão, o mundo todo logo estaria livre do crime, da pobreza e da guerra.

Armado com essa crescente fé na capacidade da razão e da ciência, o homem moderno decidiu mudar o mundo. Deslocou sua atenção a Deus e à alma humana para o mundo exterior e suas possibilidades. Passou a observar, analisar e explorar. Os laboratórios se tornaram o santuário do homem, e os cientistas, seus sacerdotes e profetas. Um humanista moderno afirmou, confiante:

> *O futuro não está nas igrejas, mas nos laboratórios; não está nos profetas, mas nos cientistas; não está na devoção, mas na eficiência. O homem está*

finalmente se conscientizando de que é o único responsável pela realização do mundo dos seus sonhos, que tem em si o poder de seus empreendimentos.

O homem intimou a natureza a comparecer perante o tribunal da investigação científica. Não há dúvida de que o trabalho do homem nos laboratórios científicos resultou em avanços inacreditáveis em termos de poder e conforto, produzindo máquinas que pensam e aparelhos que sobem majestosamente aos céus, realizam feitos impressionantes na terra e se movem com pomposa dignidade pelos mares.

Mas, apesar desses novos e surpreendentes desenvolvimentos científicos, os velhos males continuaram, e a era da razão se transformou numa era de terror. O egoísmo e o ódio não foram eliminados com a ampliação do nosso sistema educacional e a abrangência das nossas políticas legislativas. Uma geração outrora otimista agora pergunta, absolutamente perplexa: "Por que não conseguimos eliminar o mal?".

A resposta é muito simples: o homem jamais conseguirá eliminar o mal do mundo pelo próprio poder. A esperança do humanista é uma ilusão, fundada em um otimismo exagerado na bondade inerente à natureza humana.

Eu seria o último a condenar as milhares de pessoas sinceras e dedicadas que trabalharam com altruísmo fora das igrejas em vários movimentos humanitários para curar o mundo de seus males sociais, pois prefiro um humanista comprometido a um cristão descomprometido. Mas muitas dessas pessoas dedicadas, em busca da salvação no contexto humano, acabaram se sentindo compreensivelmente pessimistas e desiludidas, pois seus esforços se baseiam numa espécie de autoilusão que ignora fatos fundamentais da nossa natureza mortal.

Tampouco eu minimizaria a importância da ciência e das grandes contribuições que se seguiram ao Renascimento. Isso nos elevou dos vales estagnados da superstição e das meias verdades às montanhas ensolaradas da análise criativa e da avaliação objetiva. A autoridade inquestionável da igreja em relação a assuntos científicos precisava ser libertada do obscurantismo paralisante, de noções antiquadas e das vergonhosas inquisições. Mas, ao tentar libertar a mente do homem, o otimismo exaltado do Renascimento esqueceu a capacidade do homem de pecar.

II

A segunda ideia para remover o mal do mundo estipula que, se o homem esperar submisso pelo Senhor, no devido tempo Deus sozinho redimirá o mundo. Enraizada numa doutrina pessimista sobre a natureza humana, essa ideia, que elimina totalmente a capacidade do homem pecador de fazer qualquer coisa, ganhou proeminência na Reforma, esse grande movimento espiritual que deu origem à preocupação dos protestantes com a liberdade moral e espiritual e serviu como corretivo necessário para uma igreja medieval corrupta e estagnada. As doutrinas da justificação pela fé e o sacerdócio de todos os crentes são princípios elevados que nós, como protestantes, devemos sempre afirmar, mas a doutrina da Reforma sobre a natureza humana enfatizou demais a corrupção do homem. O Renascimento foi otimista demais, e a Reforma foi pessimista demais. O primeiro se concentrou tanto na bondade do homem que subestimou sua capacidade para o mal; o último concentrou-se tanto na maldade do homem que subestimou sua capacidade para a bondade. Apesar de afirmar corretamente a pecaminosidade da natureza humana e a incapacidade do homem de se salvar, a Reforma afirmou erroneamente que a imagem de Deus havia sido de todo apagada do homem.

Isso levou ao conceito calvinista da depravação total do homem e à ressurreição da terrível ideia da condenação dos recém-nascidos. A natureza humana é tão depravada, diziam os doutrinários calvinistas, que um bebê que morresse sem ser batizado queimaria para sempre no inferno. Certamente isso leva a ideia da pecaminosidade do homem longe demais.

Essa teologia tendenciosa da Reforma deu margem a uma religião puramente sobrenatural, que enfatiza uma desesperança total neste mundo e invoca o indivíduo a se concentrar em preparar sua alma para o mundo vindouro. Ao ignorar a necessidade de reforma social, a religião se divorcia da principal vertente da vida humana. Um dos comitês que decidiam sobre quem falaria do púlpito definia como primeira qualificação essencial a um novo ministro: "Ele deve pregar o verdadeiro evangelho e não falar sobre questões sociais". Esse é um modelo para uma igreja perigosamente irrelevante, na qual as pessoas se reúnem para ouvir apenas platitudes devocionais.

Ao desconsiderar o fato de o evangelho lidar tanto com o corpo do homem como com sua alma, essa ênfase unilateral cria uma trágica dicotomia entre o sagrado e o secular. Para ser digna de sua origem no Novo Testamento, a Igreja deve querer transformar tanto as vidas individuais como a situação social que resulta, para muitos, na angústia do espírito e numa servidão cruel.

A ideia de o homem esperar que Deus faça tudo leva inevitavelmente a um insensível mau uso da oração. Pois, se Deus faz tudo, o homem pode pedir qualquer coisa, e Deus se torna pouco mais que um "menino de recados cósmico", chamado para quaisquer necessidades triviais. Ou então Deus é considerado tão onipotente e o homem, tão impotente que a oração é um substituto para o trabalho e a inteligência. Uma vez um homem me disse: "Eu acredito na integração, mas sei que isso só vai acontecer quando Deus quiser que aconteça. Vocês, negros, deveriam parar de protestar e começar a rezar". Tenho certeza de que precisamos rezar pela ajuda e orientação de Deus nessa luta de integração, mas estaremos seriamente enganados se pensarmos que a luta será vencida apenas pela oração. Deus, que nos deu mentes para pensar e corpos para trabalhar, frustraria seu propósito se nos permitisse obter pela oração o que podemos conseguir com trabalho e inteligência. A oração é um complemento maravilhoso e necessário dos nossos humildes esforços, mas é um substituto perigoso. Quando Moisés lutou para levar os israelenses à Terra Prometida, Deus deixou claro que não faria por eles o que eles poderiam fazer por si mesmos. "E o Senhor disse a Moisés: Por que clamas a mim? Dize aos filhos de Israel que avancem."

Devemos rezar com sinceridade pela paz, mas também devemos trabalhar com todo vigor pelo desarmamento e pela suspensão dos testes de armas. Devemos usar nossa mente de maneira tão rigorosa para planejar a paz quanto a usamos para planejar a guerra. Devemos orar com paixão incessante pela justiça racial, mas também devemos usar nossa mente para desenvolver um programa, nos organizar em ações não violentas em massa e utilizar todos os recursos de nosso corpo e alma para acabar com a injustiça racial. Devemos orar incansavelmente por justiça econômica, mas também devemos trabalhar diligentemente para trazer à tona mudanças sociais que contribuam para uma melhor distribuição da riqueza em nosso país e nas nações subdesenvolvidas do mundo.

Tudo isso não revela a falácia de achar que Deus expulsará o mal da Terra, mesmo que o homem não faça nada a não ser sentar-se complacentemente à beira do caminho? Nenhum raio prodigioso lançado do céu destruirá o mal. Nenhum poderoso exército de anjos descerá para obrigar os homens a fazer o que sua vontade resiste a fazer. A Bíblia não retrata Deus como um czar onipotente que toma todas as decisões por seus súditos, nem como um tirano cósmico que, com métodos semelhantes aos da Gestapo, invade a vida interior dos homens, mas como um Pai amoroso que dá aos seus filhos tantas bênçãos quanto as que eles estejam dispostos a receber. O homem sempre precisa fazer alguma coisa. "Põe-te sobre os teus pés, e eu falarei contigo", diz Deus a Ezequiel. O homem não é um inválido indefeso abandonado em um vale de depravação total até que Deus o tire de lá. O homem é um ser humano íntegro, cuja visão foi turvada pela catarata do pecado e cuja alma foi enfraquecida pelo vírus do orgulho, mas ainda lhe resta uma visão suficiente para erguer os olhos para as montanhas, e ainda lhe resta o bastante da imagem de Deus para se voltar, com sua fraqueza e sua vida combalida pelo pecado, na direção do Grande Médico, que pode curá-lo das devastações do pecado.

O verdadeiro ponto fraco da ideia de que Deus fará tudo é sua falsa concepção tanto de Deus como do homem. Torna Deus absolutamente soberano e o homem absolutamente impotente. Torna o homem tão absolutamente depravado que não pode fazer nada além de esperar em Deus. Vê o mundo tão contaminado pelo pecado que Deus o transcende por completo e o toca apenas ocasionalmente por meio de uma poderosa invasão. Essa visão termina com um Deus que é um déspota, não um Pai. Termina com tal pessimismo em relação à natureza humana que faz do homem pouco mais que um verme indefeso rastejando pelo pântano de um mundo maligno. Mas o homem não é totalmente pervertido, nem Deus é um ditador todo-poderoso. Sem dúvida devemos afirmar a majestade e a soberania de Deus, mas isso não deve nos levar a acreditar que Deus é um Monarca Todo-Poderoso que nos impõe sua vontade e nos priva da liberdade de escolher o que é bom ou o que não é. Ele não se abaterá sobre nós nem nos forçará a ficar em casa quando nossa mente estiver empenhada em perambular por alguma região longínqua e degradante. Mas ele nos acompanha no amor e, quando recuperamos o juízo e voltamos nossos pés cansados em direção à casa do Pai, ele está esperando com os braços abertos do perdão.

Portanto, nunca devemos sentir que a vontade de Deus, por meio de algum milagre espantoso ou de um aceno da mão, expulsará o mal do mundo. Enquanto acreditarmos nisso, nossas orações não serão respondidas e estaremos pedindo a Deus coisas que ele jamais fará. Acreditar que Deus pode fazer tudo pelo homem é tão insustentável quanto acreditar que o homem pode fazer tudo por si mesmo. Também essa ideia se baseia na falta de fé. Precisamos aprender que esperar que Deus faça tudo enquanto nós não fazemos nada não é fé, é superstição.

III

Então, qual é a resposta para a pergunta desconcertante da vida: "Como o mal pode ser expulso de nossas vidas individuais e coletivas?"? Se o mundo não pode ser purificado só por Deus nem só pelo homem, quem o fará?

A resposta encontra-se numa ideia bem diferente das duas que discutimos, pois nem Deus nem o homem podem, por si próprios, salvar o mundo. Em vez disso, ambos, o homem e Deus — convertidos em um só numa maravilhosa unidade de propósitos, por meio de um amor tão transbordante como a doação de si mesmo por parte de Deus, e de uma perfeita obediência e receptividade por parte do homem —, podem transformar o velho no novo e expulsar o câncer mortal do pecado.

O princípio que abre a porta para Deus operar através do homem é a fé. Era o que faltava aos discípulos quando tentaram desesperadamente remover o mal persistente do corpo do menino doente. Jesus lembrou-lhes que estavam tentando fazer sozinhos o que só podia ser feito quando suas vidas fossem receptáculos abertos, por assim dizer, onde a força de Deus poderia ser livremente despejada.

Dois tipos de fé em Deus são apresentados de maneira clara nas Escrituras. Um pode ser chamado de fé da mente, em que o intelecto concorda em acreditar que Deus existe. O outro pode ser chamado de fé do coração, pela qual o homem como um todo se envolve em um ato confiante de rendição. Para conhecer Deus, o homem deve ter esse último tipo de fé, pois a fé da mente é direcionada para uma teoria, enquanto a fé do coração está centrada numa Pessoa. Gabriel Marcel afirma que fé é *acreditar em, não acreditar que*. É "abrir um crédito; o que me põe à disposição daquele em quem acredito". Quando acredito, ele diz, "eu comungo com o tipo de concentração interior que implica o ato de comungar". A fé é a abertura de todos os lados e de todos os níveis da vida ao influxo divino.

Foi isso que o apóstolo Paulo enfatizou em sua doutrina da salvação pela fé. Para ele, fé é a capacidade do homem de aceitar a vontade de Deus em Cristo para nos resgatar da escravidão do pecado. Em seu amor magnânimo, Deus se oferece de boa vontade para fazer por nós o que não podemos fazer por nós mesmos. Nossa aceitação humilde e de coração aberto é a fé. E, assim, somos salvos pela fé. O homem pleno de Deus e Deus operando através do homem trazem mudanças inacreditáveis à nossa vida individual e social.

Os males sociais encurralaram multidões de homens em um corredor escuro e melancólico onde não há um sinal indicando a saída, e mergulharam outros num abismo sombrio de fatalismo psicológico. Esses males mortais e paralisantes podem ser removidos por uma humanidade perfeitamente unida na obediência a Deus. A vitória moral virá quando Deus preencher o homem e o homem abrir sua vida para a fé em Deus, assim como o golfo se abre para as águas transbordantes do rio. A justiça racial, uma possibilidade genuína no nosso país e no mundo, não resultará nem de nossos frágeis e muitas vezes equivocados esforços, nem de Deus impondo sua vontade aos homens rebeldes, mas se dará quando um número suficiente de pessoas abrir a própria vida a Deus e permitir que ele despeje sua triunfante e divina energia em sua alma. Nosso antigo e nobre sonho de um mundo de paz ainda pode se tornar realidade, porém isso não ocorrerá com o homem trabalhando sozinho nem com Deus destruindo os esquemas perversos dos homens, mas com a abertura dos homens a Deus para que ele possa preencher-lhes a vida com amor, respeito mútuo, compreensão e boa vontade. A salvação social só se dará mediante a aceitação voluntária, por parte do homem, da poderosa dádiva de Deus.

Deixem-me aplicar o que venho dizendo em nossa vida pessoal. Muitos de vocês sabem o que significa lutar contra o pecado. Ano após ano, você percebe que um pecado terrível — a escravidão à bebida, talvez, ou a mentira, a impureza, o egoísmo — está se apossando da sua vida. À medida que os anos se passaram e o vício foi marcando cada vez mais sua alma, você sabia que se tratava de um invasor não natural. Você pode ter pensado: "Um dia eu vou expulsar esse mal. Sei que está destruindo meu caráter e envergonhando minha família". Finalmente, você decidiu se livrar do mal fazendo uma resolução de Ano-Novo. Você se lembra de sua surpresa e decepção ao descobrir, 365 dias depois, que seus esforços mais sinceros não tinham banido o velho hábito de sua vida? Totalmente perplexo, você perguntou: "Por que eu não consegui expulsar o mal?".

Desesperado, você resolveu apresentar seu problema a Deus, mas, em vez de pedir a Ele que trabalhe por seu intermédio, você disse: "Deus, você precisa resolver esse problema para mim. Eu não posso fazer nada a respeito". Contudo, dias e meses depois, o mal continuava com você. Deus não o expulsou, pois Ele nunca remove o pecado sem a cordial cooperação do pecador. Nenhum problema se resolve se ficarmos esperando ociosamente que Deus assuma a responsabilidade total.

Não podemos nos livrar de um mau hábito apenas por estabelecer uma mera resolução ou pedir a Deus que faça o trabalho, mas somente ao nos rendermos e nos tornarmos um instrumento de Deus. Só nos livraremos do peso acumulado do mal quando permitirmos que a energia de Deus entre em nossa alma.

Deus prometeu cooperar conosco quando tentarmos expulsar o mal de nossa vida e nos tornarmos verdadeiros filhos de Sua vontade divina. "Se algum homem está em Cristo, ele é uma nova criatura", diz Paulo, "as coisas velhas são passadas; eis que todas as coisas se tornaram novas". Qualquer homem em Cristo é uma nova pessoa, seu antigo eu desaparece e ele se torna um filho de Deus divinamente transformado.

Uma das grandes glórias do evangelho é o fato de Cristo ter transformado pródigos desconhecidos. Ele transformou um Simão de areia em um Pedro de pedra. Transformou um Saulo perseguidor no apóstolo Paulo. Converteu um Agostinho entregue à luxúria em Santo Agostinho. As apropriadas palavras da confissão de Leon Tolstói em *Minha religião* refletem uma experiência que muitos têm compartilhado:

> *Cinco anos atrás a fé veio a mim; acreditei na doutrina de Jesus, e toda a minha vida passou por uma súbita transformação. Não mais desejava o que desejava antes, e comecei a desejar o que nunca havia desejado. O que outrora me parecia certo se tornou errado, e vi os erros do passado como acertos [...]. Minha vida e meus desejos foram completamente mudados; o bem e o mal intercambiaram seus significados.*

Aqui encontramos a resposta para uma pergunta desconcertante. O mal pode ser expulso, não por um homem sozinho nem por um Deus ditatorial que invade nossa vida, mas pela porta que abrimos ao convidar Deus em Cristo para entrar. "Eis que estou à porta e bato; se alguém ouvir a minha voz e abrir a porta, virei a ele, e cearei com ele e ele comigo." Deus é cortês demais para arrombar a porta, mas, quando a abrirmos e acreditarmos com fé, um confronto entre o divino e o humano transformará nossa vida arruinada pelo pecado em uma personalidade radiante.

TREZE

CARTA DE PAULO AOS CRISTÃOS AMERICANOS

Eu gostaria de compartilhar com vocês uma carta imaginária escrita pela pena do apóstolo Paulo. O carimbo revela que vem da cidade portuária de Trôade. Ao abrir a carta, percebi que estava escrita em grego, não em inglês. Depois de trabalhar assiduamente por várias semanas na tradução, acredito ter decifrado seu verdadeiro significado. Se o conteúdo desta epístola parecer estranhamente mais kinguiano do que paulino, atribuam isso a uma falta de objetividade da minha parte, não à falta de clareza de Paulo.

Eis a carta que tenho diante de mim.

Paulo, chamado para ser apóstolo de Jesus Cristo pela vontade de Deus, a vocês que estão nos Estados Unidos da América, que a graça e a paz de Deus Nosso Pai estejam com vocês, através de nosso Senhor e Salvador Jesus Cristo.

Há muitos anos tenho vontade de vê-los. Ouvi muito sobre vocês e sobre o que estão fazendo. Recebi notícias sobre os incríveis e fascinantes avanços que vocês têm feito no campo científico. Fiquei sabendo de seus metrôs arrojados e seus cintilantes aeroplanos. Com seu gênio científico, vocês diminuíram as distâncias e acorrentaram o tempo. Vocês tornaram possível tomar o desjejum em Paris, França, e almoçar em Nova York. Também ouvi falar de seus arranha-céus com prodigiosas torres erguendo-se para o céu. Soube de seus grandes avanços na medicina e da cura de muitas pragas e doenças pavorosas, prolongando assim suas vidas e oferecendo maior segurança e bem-estar físico. Tudo isso é maravilhoso. Vocês podem fazer tantas coisas nesta época que eu não podia fazer no mundo greco-romano da minha época. Vocês percorrem distâncias em um único dia que na minha geração exigiriam três meses. Isso é maravilhoso. Que tremendos avanços nas áreas de desenvolvimento científico e tecnológico vocês fizeram!

Porém, americanos, eu me pergunto se seu progresso moral e espiritual foi proporcional ao seu progresso científico. Parece-me que o progresso moral está atrasado em relação ao científico, que suas mentalidades se esqueceram da moralidade e que sua civilização ofuscou sua cultura. Quanto de sua vida moderna pode ser resumida nas palavras de seu poeta Thoreau: "Melhorias nos meios sem melhorias nos fins"? Com seu gênio científico, vocês fizeram do mundo um bairro, mas fracassaram em empregar seu gênio moral e espiritual para fazer do mundo uma irmandade. Então, americanos, a bomba atômica que vocês temem hoje não é apenas a arma mortal que pode ser lançada de um avião sobre a cabeça de milhões de pessoas, mas é a bomba atômica que está no coração dos homens, capaz de explodir no ódio mais chocante e no egoísmo mais devastador. Portanto, exorto todos a manter seus avanços morais lado a lado com seus avanços científicos.

Acho necessário lembrá-los da responsabilidade que vocês têm de representar os princípios éticos do cristianismo em um período em que são desconsiderados pelo povo. Essa é uma tarefa que me foi atribuída. Entendo que há muitos cristãos nos Estados Unidos da América mais fiéis aos sistemas e costumes criados pelo homem. Eles têm medo de ser diferentes. Sua maior preocupação é a aceitação social. Eles vivem de acordo com um princípio como: "Todo mundo está fazendo isso, então deve estar tudo bem". Para muitos de vocês, a moralidade reflete apenas o consenso do grupo. Na sua linguagem sociológica moderna, os costumes são aceitos como os caminhos certos. Inconscientemente, vocês começaram a acreditar que o que é certo é determinado pelas pesquisas da Gallup.

Cristãos americanos, devo dizer a vocês o que escrevi aos cristãos romanos anos atrás: "Não sede conformados com este mundo, mas sede transformados pela renovação da vossa mente". Vocês têm uma dupla cidadania. Vocês vivem no tempo e na eternidade. Sua mais alta lealdade é para com Deus, não para com os modos ou costumes, o Estado ou a nação ou qualquer instituição criada pelo homem. Se alguma instituição ou costume terreno conflitar com a vontade de Deus, é seu dever cristão se opor a eles. Vocês nunca devem permitir que as demandas transitórias e evanescentes das instituições criadas pelo homem tenham precedência sobre as demandas eternas do Deus Todo-Poderoso. Numa época em que os homens estão renunciando aos altos valores da fé, vocês precisam se apegar a eles, e apesar da pressão de uma geração divergente, preservá-los para as crianças que ainda não nasceram. Precisam estar dispostos a contrariar costumes injustos, a defender causas impopulares e a resistir ao status quo. Vocês foram convocados para ser o sal da Terra. Vocês precisam ser a luz do mundo. Devem ser o fermento vital e ativo no país como um todo.

Entendo que vocês têm um sistema econômico conhecido como capitalismo, com o qual realizaram maravilhas. Vocês se tornaram a nação mais rica do mundo, e construíram o maior sistema de produção que a história já conheceu. Tudo isso é maravilhoso. Contudo, americanos, existe o perigo de vocês abusarem do seu capitalismo. Continuo afirmando que o amor ao dinheiro é a raiz de muitos males e pode fazer com que um homem se torne um materialista grosseiro. Receio que muitos de vocês estejam mais preocupados em ganhar dinheiro do que em acumular tesouros espirituais.

O mau uso do capitalismo também pode levar a uma trágica exploração. Isso tem acontecido muitas vezes em seu país. Disseram-me que um décimo de 1% da população controla mais de 40% da riqueza. Americanos, quantas vezes vocês deixaram as massas carentes para propiciar luxos às classes? Se vocês querem ser uma nação realmente cristã, precisam resolver esse problema. Vocês não podem resolvê-lo recorrendo ao comunismo, pois o comunismo se baseia em um relativismo ético, em um materialismo metafísico, em um totalitarismo paralisante e em uma restrição à liberdade básica que nenhum cristão pode aceitar. Mas vocês podem trabalhar dentro da estrutura da democracia para chegar a uma melhor distribuição da riqueza. Vocês deveriam usar seus poderosos recursos econômicos para eliminar a pobreza do mundo. Deus nunca pretendeu que um povo vivesse em uma riqueza supérflua e desordenada, enquanto outros só conhecem uma pobreza abjeta. Deus quer que todos os seus filhos tenham as necessidades básicas da vida, e deixou neste universo "mais do que o suficiente" para esse propósito.

Gostaria de estar com vocês pessoalmente para poder dizer-lhes frente a frente o que sou obrigado a explicar por escrito. Ah, há quanto tempo gostaria de desfrutar desse companheirismo!

Deixem-me dizer algo sobre a Igreja. Americanos, devo lembrá-los, como já disse a muitos outros, que a Igreja é o Corpo de Cristo. Quando a Igreja é fiel à sua natureza, não conhece divisão nem desunião. Disseram-me que dentro do protestantismo americano existem mais de 250 denominações. A tragédia não é apenas o fato de vocês terem uma multiplicidade de denominações, mas a de muitos grupos afirmarem ser donos da verdade absoluta. Esse sectarismo tacanho destrói a unidade do Corpo de Cristo. Deus não é batista, metodista, presbiteriano ou episcopal. Deus transcende nossas denominações. Se vocês querem ser as verdadeiras testemunhas de Cristo, precisam saber disso, americanos.

Fico feliz por existir uma preocupação cada vez maior pela unidade e pelo ecumenismo da Igreja nos Estados Unidos da América. Soube que vocês organizaram um Conselho Nacional de Igrejas e que a maioria de suas principais denominações é afiliada ao Conselho Mundial de Igrejas. Tudo isso é maravilhoso. Continuem seguindo esse caminho criativo. Mantenham vivos esses conselhos da Igreja e continuem dando-lhes seu apoio irrestrito. Soube da notícia encorajadora de que houve recentemente algum diálogo entre católicos romanos e protestantes. Disseram-me que vários clérigos protestantes de sua nação aceitaram o convite do papa João para serem observadores em um recente conselho ecumênico em Roma. Esse é um sinal tanto importante como saudável. Espero que seja o começo de um processo que torne todos os cristãos cada vez mais próximos.

Outra coisa que me preocupa na Igreja americana é o fato de vocês terem uma Igreja branca e uma Igreja negra. Como a segregação pode existir no verdadeiro Corpo de Cristo? Disseram-me que há mais integração no mundo do entretenimento e em outras atividades seculares do que na Igreja cristã. Como isso é chocante!

Percebi que há, entre vocês, cristãos que tentam encontrar bases bíblicas para justificar a segregação e argumentam que o negro é inferior por natureza. Ah, meus amigos, isso é uma blasfêmia e vai contra tudo o que a religião cristã defende. Devo repetir o que disse a muitos cristãos, que em Cristo "não há judeu nem grego, não há também escravizado nem livre, nem homem nem mulher, pois todos vós sois um em Cristo Jesus". Ademais, devo reiterar as palavras que proferi no Areópago de Atenas: "O Deus que fez o mundo e todas as coisas que nele há [...] de um só sangue fez todas as nações dos homens para habitar sobre toda a face da Terra".

Portanto, americanos, devo insistir para que vocês se livrem de todos os aspectos da segregação. A segregação é uma flagrante negação da unidade que temos em Cristo. Substitui a relação "eu e tu" pela relação "eu e isso" e relega pessoas ao status de coisas. Isso fere a alma e degrada a personalidade. Inflige ao segregado um falso senso de inferioridade, enquanto confirma ao segregador uma falsa estimativa de sua superioridade. Destrói a comunidade e torna impossível a irmandade. A filosofia subjacente do cristianismo é diametralmente oposta à filosofia subjacente da segregação racial.

Louvo sua Suprema Corte por ter proferido uma decisão histórica de dessegregação e também as pessoas de boa vontade que aceitaram isso como uma grande vitória moral, mas percebo que alguns irmãos se levantaram em oposição aberta e que suas câmaras legislativas ressoam fortemente com palavras como "anulação" e "intervenção". Como esses irmãos perderam o verdadeiro significado da democracia e do cristianismo, exorto cada um de vocês a insistir com eles de modo paciente. Com compreensão e boa vontade, vocês estão obrigados a tentar mudar suas atitudes. Que eles saibam que, ao se opor à integração, não se opõem apenas aos nobres preceitos de sua democracia, mas também aos éditos eternos do próprio Deus.

Espero que as igrejas americanas tenham um papel significativo na derrota da segregação. Sempre foi responsabilidade da Igreja ampliar os horizontes e desafiar o status quo. A Igreja deve entrar na arena da ação social. Primeiro, vocês precisam perceber que a Igreja remove o jugo da segregação de seus corpos. Portanto, vocês devem tornar a Igreja cada vez mais ativa na ação social além de suas portas. Precisam tentar manter abertos os canais de comunicação entre as raças. Devem assumir uma posição ativa contra as injustiças que os negros enfrentam em questões de habitação, educação e proteção policial e nos tribunais municipais e estaduais. Devem exercer sua influência na área da justiça econômica. Como guardiã da vida moral e espiritual da comunidade, a Igreja não pode olhar com indiferença para esses males flagrantes. Se vocês, como cristãos, aceitarem o desafio com devoção e bravura, conduzirão os homens desorientados de sua nação das trevas da falsidade e do medo para a luz da verdade e do amor.

Posso dizer apenas uma palavra para aqueles de vocês que são vítimas do sistema maligno de segregação? Vocês precisam continuar trabalhando apaixonada e vigorosamente pelos direitos a vocês concedidos por Deus e previstos pela Constituição. Seria covarde e imoral aceitarem pacientemente essa injustiça. Vocês não podem, em sã consciência, trocar seu direito nato à liberdade pela sobras da mesa da segregação. Porém, ao continuarem seus justos protestos, lembrem-se sempre de lutar com métodos e armas cristãs. Certifiquem-se de que os meios que empregam sejam tão puros quanto os fins que vocês procuram. Nunca sucumbam à tentação de se tornarem amargos. Ao insistirem na justiça, cuidem de agir com dignidade e disciplina, usando o amor como principal arma. Não deixem que ninguém os rebaixe a ponto de vocês o odiarem. Evitem sempre a violência. Se vocês plantarem as sementes da violência em sua luta, as gerações futuras irão colher o turbilhão da desintegração social.

Na luta pela justiça, digam a seu opressor que vocês não querem derrotá-lo nem se vingar das injustiças que ele lhes causou. Faça-o saber que a ferida purulenta da segregação debilita tanto o homem branco quanto o negro. Ao mostrar essa atitude, vocês manterão sua luta em altos níveis cristãos.

Muita gente percebe a urgência de erradicar o mal da segregação. Muitos negros dedicam a vida à causa da liberdade, e muitos brancos de boa vontade e forte sensibilidade moral terão coragem de clamar por justiça. A sinceridade me leva a admitir que tal postura requer uma disposição para sofrimentos e sacrifícios. Não se desesperem os que forem condenados e perseguidos pela causa da justiça. Os que apelam para a verdade e a justiça tornam-se suscetíveis ao desdém. Com frequência vocês serão chamados de idealistas impraticáveis ou de radicais perigosos. Poderão até ser chamados de comunistas, simplesmente por acreditar na irmandade do homem. Alguns poderão ser presos. Se for esse o caso, devem honrar a prisão com sua presença. Isso pode significar a perda de um emprego ou da posição social no seu grupo específico. Mesmo que a morte física seja o preço que alguns terão de pagar para libertar seus filhos da morte psicológica, nada poderia ser mais cristão. Não se preocupem com a perseguição, cristãos americanos; é preciso aceitar isso quando se defende um princípio nobre. Falo com alguma autoridade, pois minha vida foi uma sequência contínua de perseguições. Depois da minha conversão, fui rejeitado pelos discípulos de Jerusalém. Mais tarde, fui julgado por heresia em Jerusalém. Fui encarcerado em Filipos, espancado em Tessalônica, assediado em Éfeso e caí em depressão em Atenas. Saí de cada uma dessas experiências mais convencido que nunca de que "nem a morte, nem a vida, nem os anjos, nem os principados [...], nem as coisas do presente, nem as coisas por vir [...] será capaz de nos separar do amor de Deus, que está em Jesus Cristo nosso Senhor". O objetivo da vida não é ser feliz nem sentir prazer e evitar a dor, mas fazer a vontade de Deus, aconteça o que acontecer. Não tenho nada além de elogios para aqueles de vocês que se mantiveram inabaláveis diante de ameaças e intimidações, inconveniências e impopularidade, prisão e violência física, por declararem a doutrina da Paternidade de Deus e da irmandade do homem. Para esses nobres servos de Deus, há o consolo das palavras de Jesus: "Abençoados sois – vós, quando homens vos insultarem e vos perseguirem, e falsamente disserem toda espécie de mal contra vós, por minha causa. Alegrai-vos e sejam imensamente felizes, porque grande é a vossa recompensa no céu; pois assim perseguiram aos profetas que foram antes de vós".

Preciso encerrar meu texto. Silas está esperando para entregar esta carta, e preciso partir para a Macedônia, de onde chegou um urgente pedido de ajuda. Mas, antes de partir, devo dizer a vocês, como disse à Igreja de Corinto, que o amor é o poder mais duradouro do mundo. Ao longo dos séculos, os homens têm procurado descobrir o bem maior. Essa tem sido a principal busca da filosofia ética. Foi uma das grandes questões da filosofia grega. Os epicuristas e os estoicos tentaram respondê-la; Platão e Aristóteles tentaram respondê-la. Qual é o *summum bonum* da vida? Acho que encontrei a resposta, americanos. Descobri que o bem maior é o amor. Esse princípio está no âmago do cosmo. É a grande força unificadora da vida. Deus é amor. Aquele que ama descobriu a pista para o significado da realidade suprema; aquele que odeia se candidata imediatamente a um não ser.

Cristãos americanos, vocês podem dominar os meandros do idioma inglês e ter a eloquência do discurso articulado; mas, ainda que falem as línguas dos homens e dos anjos, sem amor, serão como o som metálico do tinido de um címbalo.

Vocês podem ter o dom da previsão científica e entender o comportamento das moléculas, podem invadir o celeiro da natureza e ganhar muitas novas perspectivas, podem subir às alturas do desempenho acadêmico para obter todo o conhecimento, podem se jactar de suas grandiosas instituições de ensino e da abrangência ilimitada de seus diplomas; mas, sem amor, tudo isso não significa absolutamente nada.

Mais ainda, americanos, vocês podem dar seus bens para alimentar os pobres, podem fazer grandes gestos de caridade, podem alcançar os píncaros da filantropia; mas, sem amor, sua caridade não significa nada. Vocês podem até mesmo dar o próprio corpo para que seja queimado e morrer a morte de um mártir, seu sangue derramado pode ser um símbolo de honra por gerações ainda não nascidas, e milhares podem elogiá-los como alguns dos heróis supremos da história; mas, ainda assim, sem amor, seu sangue será derramado em vão. Vocês podem perceber que um homem pode ser egocêntrico em sua abnegação e hipócrita em seu sacrifício. Sua generosidade pode alimentar seu ego, e sua piedade, seu orgulho. Sem amor, a benevolência se torna egoísmo, e o martírio se torna orgulho espiritual.

A maior de todas as virtudes é o amor. Aqui encontramos o verdadeiro significado da fé cristã e da cruz. O Calvário é um telescópio pelo qual temos a visão longínqua da eternidade e vemos o amor de Deus irrompendo no tempo. Com a imensidão de sua generosidade, Deus deixou seu Filho unigênito morrer para que nós possamos viver. Unindo-se a Cristo e a seus irmãos por meio do amor, vocês poderão se matricular na universidade da vida eterna. Em um mundo que depende da força, da tirania coercitiva e da violência sangrenta, vocês estão desafiados a seguir o caminho do amor. Vocês descobrirão que o amor desarmado é a força mais poderosa do mundo.

Agora devo me despedir. Estendam minha calorosa saudação a todos os santos da casa de Cristo. Sintam-se consolados; tenham uma só mente; e vivam em paz.

É improvável que nos encontremos nos Estados Unidos da América, mas nos encontraremos na eternidade de Deus. E orem àquele que é capaz de nos impedir de cair, e nos elevar do vale sombrio do desespero para a montanha radiante da esperança, da meia-noite do desespero à aurora da alegria, para que ele seja o poder e a autoridade, para todo o sempre. Amém.

CATORZE

PEREGRINAÇÃO À NÃO VIOLÊNCIA

Em meu último ano no seminário de teologia, envolvi-me em instigantes leituras sobre várias teorias teológicas. Tendo sido criado numa tradição fundamentalista bastante estrita, em algumas ocasiões eu ficava chocado quando minha jornada intelectual me levava por terras doutrinárias novas e às vezes complexas, mas a peregrinação sempre foi estimulante, propiciando uma nova visão da avaliação objetiva e da análise crítica e me despertando do meu sono dogmático.

O liberalismo me proporcionou uma satisfação intelectual que eu nunca havia encontrado no fundamentalismo. Fiquei tão enamorado pelas ideias do liberalismo que quase caí na armadilha de aceitar, de maneira acrítica, tudo o que ele envolvia. Eu estava absolutamente convencido da bondade natural do homem e do poder natural da razão humana.

I

Uma mudança básica em meu pensamento ocorreu quando comecei a questionar algumas das teorias associadas ao chamado liberalismo teológico. Com certeza existem aspectos do liberalismo que espero sempre valorizar: a dedicação à busca da verdade, a insistência em uma mente aberta e analítica e a recusa em abandonar as melhores luzes da razão. A contribuição do liberalismo à crítica histórico-filológica da literatura bíblica tem um valor imensurável e deve ser defendida com uma paixão religiosa e científica.

Mas comecei a questionar a doutrina liberal do homem. Quanto mais observava as tragédias da história e a vergonhosa inclinação do homem em escolher o caminho mais vil, mais eu conseguia ver as profundezas e a força do pecado. Minha leitura das obras de Reinhold Niebuhr me conscientizou da complexidade dos motivos humanos e da realidade do pecado em todos os níveis da existência humana. Além disso, reconheci a complexidade do envolvimento social do homem e a realidade gritante do mal coletivo. Percebi que o liberalismo era muito sentimental em relação à natureza humana e que tendia a um falso idealismo.

Também percebi que o otimismo superficial do liberalismo quanto à natureza humana ignorava o fato de que a razão é turvada pelo pecado. Quanto mais eu pensava sobre a natureza humana, mais entendia como nossa trágica inclinação pelo pecado nos estimula a racionalizar nossas ações. O liberalismo falhava em mostrar que a razão, por si só, é pouco mais que um instrumento para justificar as formas defensivas de pensar do homem. A razão, desprovida do poder purificador da fé, nunca pode se libertar de distorções e racionalizações.

Embora tenha rejeitado alguns aspectos do liberalismo, nunca cheguei a uma aceitação total da neo-ortodoxia. Apesar de vê-la como um corretivo útil para um liberalismo sentimental, percebi que não fornecia uma resposta adequada a perguntas básicas. Se o liberalismo era otimista demais em relação à natureza humana, a neo-ortodoxia era pessimista demais. Não apenas na questão do homem, mas também em outras questões vitais, a revolta da neo-ortodoxia foi longe demais. Em sua tentativa de preservar a transcendência de Deus, que havia sido subestimada por um excesso de ênfase em sua imanência no liberalismo, a neo-ortodoxia chegou ao extremo de ressaltar um Deus oculto, desconhecido e "totalmente outro". Em sua revolta contra a ênfase excessiva no poder da razão do liberalismo, a neo-ortodoxia adotou uma visão antirracional e quase fundamentalista, enfatizando um biblicismo estrito e acrítico. Considerei essa abordagem inadequada tanto para a Igreja quanto para a vida pessoal.

Assim, embora o liberalismo tenha me deixado insatisfeito com a questão da natureza do homem, não achei refúgio na neo-ortodoxia. Agora estou convencido de que a verdade sobre o homem não se encontra nem no liberalismo nem na neo-ortodoxia. Cada um representa uma verdade parcial. Um grande segmento do liberalismo protestante definia o homem apenas em termos de sua natureza essencial, sua capacidade para o bem; a neo-ortodoxia tendia a definir o homem somente em termos de sua natureza existencial, sua capacidade para o mal. Um entendimento adequado do homem não se encontra nem na tese do liberalismo nem na antítese da neo-ortodoxia, mas em uma síntese que reconcilia as verdades de ambas.

Durante os anos seguintes, ganhei um novo interesse pela filosofia do existencialismo. Meu primeiro contato com essa filosofia aconteceu nas leituras que fiz de Kierkegaard e Nietzsche. Mais tarde, passei a estudar Jaspers, Heidegger e Sartre. Esses pensadores estimularam minha maneira de pensar; apesar de questionar todos eles, aprendi bastante ao estudá-los. Quando finalmente me envolvi em um estudo sério dos textos de Paul Tillich, me convenci de que o existencialismo, ainda que tenha se tornado demasiado da moda, havia compreendido certas verdades básicas sobre o homem e sua condição que não podiam continuar sendo subestimadas.

A compreensão da "liberdade finita" do homem é uma das contribuições permanentes do existencialismo, e sua percepção da ansiedade e do conflito produzidos na vida pessoal e social do homem pela estrutura perigosa e ambígua da existência é especialmente significativa para o nosso tempo. Um denominador comum no existencialismo ateísta ou teísta é que a situação existencial do homem está apartada de sua natureza essencial. Em sua revolta contra o essencialismo de Hegel, todos os existencialistas afirmam que o mundo é fragmentado. A história é uma série de conflitos não reconciliados, e a existência do homem é tomada de ansiedades e ameaçada pela falta de sentido. Mesmo que a resposta cristã final não se encontre em nenhuma dessas afirmações existenciais, há muito aqui para um teólogo poder definir o verdadeiro estado da existência do homem.

Embora a maior parte do meu estudo formal tenha sido em teologia e filosofia sistemáticas, fui me tornando cada vez mais interessado em ética social. Durante minha adolescência, fiquei muito preocupado com o problema da injustiça racial. Considerava a segregação racionalmente inexplicável e moralmente injustificável. Nunca poderia aceitar ter de me sentar na parte de trás de um ônibus ou na seção segregada de um trem. A primeira vez que tive de ficar atrás da cortina de um vagão--restaurante, senti como se a cortina tivesse caído sobre minha individualidade. Aprendi também que o gêmeo inseparável da injustiça racial é a injustiça econômica. Vi como os sistemas de segregação exploravam tanto os negros quanto os brancos pobres. Essas primeiras experiências me deixaram profundamente consciente da variedade das injustiças na nossa sociedade.

II

Foi só quando ingressei no seminário teológico, no entanto, que comecei uma séria busca intelectual por um método que eliminasse o mal social. Fui imediatamente influenciado pelo evangelho social. No início dos anos 1950, li o livro *Christianity and the Social Crisis* [Cristianismo e a crise social], de Walter Rauschenbush, um texto que deixou uma marca indelével no meu pensamento. É claro que havia pontos em que eu discordava de Rauschenbush. Senti que ele foi vítima do "culto ao progresso inevitável" do século XIX, que o levou a um otimismo injustificado em relação à natureza humana. Além disso, ele chegava perigosamente perto de identificar o Reino de Deus com um sistema social e econômico específico, uma tentação à qual a igreja nunca deve se render. Apesar dessas deficiências, Rauschenbush deu ao protestantismo americano um sentido de responsabilidade social que nunca deveria se perder. O evangelho, nos seus melhores aspectos, lida com o homem como um todo, não só com sua alma, mas também com seu corpo; não só com seu bem-estar espiritual, mas também com seu bem-estar material. Uma religião que professa preocupação pelas almas dos homens e não está igualmente preocupada com as favelas que os desgraçam, com as condições econômicas que os estrangulam e as condições sociais que os aleijam é uma religião espiritualmente moribunda.

Depois de ler Rauschenbush, voltei-me para um estudo sério das teorias sociais e éticas dos grandes filósofos. Durante esse período, quase perdi a esperança no poder do amor para resolver problemas sociais. As filosofias de oferecer-a-outra-face e de amar-seus-inimigos são válidas, considerei, mas só quando os indivíduos estão em conflito entre si; quando grupos raciais e países estão em conflito, é necessária uma abordagem mais realista.

Então fui apresentado à vida e aos ensinamentos de Mahatma Gandhi. Ao ler seus trabalhos, fiquei profundamente fascinado por suas campanhas de resistência não violenta. Todo o conceito gandiano de *satyagraha* (*satya* é a verdade que se iguala ao amor, e *graha* é força; *satyagraha* significa força da verdade ou força do amor) foi muito significativo para mim. À medida que eu me aprofundava na filosofia de Gandhi, meu ceticismo em relação ao poder do amor diminuiu gradualmente, e vi pela primeira vez que a doutrina cristã do amor, operando pelo método gandiano de não violência, é uma das mais potentes armas disponíveis a um povo oprimido em sua luta pela liberdade. Naquela época, porém, adquiri apenas uma compreensão intelectual e uma avaliação do posicionamento, não tinha firme determinação de organizá-lo em uma situação socialmente eficaz.

Quando estava em Montgomery, Alabama, como pastor em 1954, eu não fazia a menor ideia de que me envolveria mais tarde numa crise em que a resistência não violenta seria aplicável. Eu morava na comunidade havia cerca de um ano quando o boicote aos ônibus começou. O povo negro de Montgomery, exausto pelas experiências humilhantes que enfrentava constantemente nos ônibus, expressou num ato de não cooperação em massa sua determinação de ser livre. Eles perceberam que era mais honroso caminhar pelas ruas com dignidade do que andar de ônibus sendo humilhados. No início do protesto, o povo me chamou para servir como porta-voz. Ao aceitar essa responsabilidade, minha mente, de maneira consciente ou inconsciente, foi levada de volta ao Sermão da Montanha e ao método gandiano de resistência não violenta. Esse princípio se tornou a luz norteadora do nosso movimento. Cristo forneceu o espírito e a motivação, e Gandhi forneceu o método.

A experiência em Montgomery foi mais esclarecedora para meu pensamento em relação à questão da não violência do que todos os livros que eu havia lido. À medida que os dias se passavam, eu me convencia cada vez mais do poder da não violência. A não violência tornou-se mais do que um método com o qual eu concordava eu termos intelectuais; tornou-se um compromisso com um modo de vida. Muitas questões que eu não havia esclarecido intelectualmente sobre a não violência agora estavam resolvidas na esfera da ação prática.

Meu privilégio de ter viajado para a Índia teve um grande impacto em mim pessoalmente, pois foi revigorante ver em primeira mão os resultados surpreendentes de uma luta não violenta pela conquista da independência. As consequências do ódio e do ressentimento que em geral acompanham uma campanha violenta não existiam em nenhum lugar da Índia, e havia uma amizade recíproca, baseada numa total igualdade, entre os povos indianos e os britânicos da Commonwealth.

Eu não gostaria de dar a impressão de que a não violência pode fazer milagres da noite para o dia. Não é fácil romper as rotinas mentais dos homens nem expurgar seus sentimentos preconceituosos e irracionais. Quando os menos privilegiados exigem liberdade, os privilegiados a princípio reagem com ressentimento e resistência. Mesmo quando as demandas são atendidas em termos não violentos, a resposta inicial é substancialmente a mesma. Tenho certeza de que muitos de nossos irmãos brancos em Montgomery e em todo o Sul ainda se sentem ressentidos com os líderes negros, mesmo que esses líderes tenham procurado seguir um caminho de amor e não violência. Mas a abordagem não violenta faz algo aos corações e às almas dos que se comprometem com ela. Essa atitude lhes dá um novo respeito próprio. Requer recursos de força e coragem que eles não sabiam que tinham. Finalmente, mexe tanto com a consciência do oponente que a reconciliação se torna uma realidade.

III

Mais recentemente, vi a necessidade do método da não violência nas relações internacionais. Mesmo não convencido de sua eficácia em conflitos entre nações, senti que, embora nunca pudesse ser um bem positivo, a guerra poderia servir como um bem negativo, impedindo a propagação e o crescimento de uma força do mal. Por mais horrível que seja a guerra, pode ser preferível a se render a um sistema totalitário. Mas agora acredito que o potencial destrutivo das armas modernas descarta totalmente a possibilidade de a guerra resultar em um bem negativo. Se assumirmos que a humanidade tem o direito de sobreviver, devemos encontrar uma alternativa à guerra e à destruição. Nos nossos dias de veículos espaciais e mísseis balísticos teleguiados, a escolha é não violência ou não existência.

Não sou um pacifista doutrinário, mas tenho tentado adotar um pacifismo realista, que considera a posição pacifista como o mal menor nas circunstâncias. Não afirmo estar livre dos dilemas morais que o não pacifista cristão enfrenta, mas estou convencido de que a igreja não pode ficar calada enquanto a humanidade enfrenta a ameaça da aniquilação nuclear. Se a Igreja é fiel à sua missão, deve pedir o fim da corrida armamentista.

Alguns dos meus sofrimentos pessoais nos últimos anos também serviram para moldar meu pensamento. Sempre hesito em mencionar essas experiências por medo de transmitir a impressão errada. Uma pessoa que está sempre chamando a atenção para as próprias provações e sofrimentos corre o risco de desenvolver um complexo de mártir e causar nos outros a impressão de estar conscientemente buscando compaixão. É possível alguém ser egocêntrico em seu sacrifício. Mas sinto-me um tanto justificado ao mencioná-los neste ensaio por causa da influência que exerceram no meu pensamento.

Devido ao envolvimento na luta pela liberdade do meu povo, conheci pouquíssimos dias tranquilos nos últimos anos. Estive preso em cadeias no Alabama e na Geórgia doze vezes. Minha casa sofreu ataque a bomba duas vezes. Raramente se passa um dia sem que minha família e eu não recebamos ameaças de morte. Fui vítima de uma facada quase fatal. Assim, em um sentido real, fui atingido pelas tempestades da perseguição. Devo admitir que, em alguns momentos, achei que não conseguiria mais suportar um fardo tão pesado e me senti tentado a me retirar para uma vida mais tranquila e serena. Mas, toda vez que surgia essa tentação, algo vinha fortalecer e sustentar minha determinação. Aprendi agora que o fardo do Mestre é leve precisamente quando vivemos sob seu jugo.

Minhas provações pessoais também me ensinaram o valor do sofrimento imerecido. À medida que meus sofrimentos aumentavam, logo percebi que havia duas maneiras de responder à situação: reagir com amargura ou procurar transformar o sofrimento numa força criativa. Decidi seguir o último curso. Ao reconhecer a necessidade do sofrimento, tentei fazer dele uma virtude. Pelo menos para me salvar da amargura, tentei ver minhas provações pessoais como uma oportunidade de me transfigurar e curar as pessoas envolvidas na trágica situação destes tempos. Vivi os últimos anos com a convicção de que o sofrimento não merecido é redentor. Alguns ainda acham a cruz um obstáculo, outros a consideram uma tolice, mas estou mais convencido que nunca de que é o poder de Deus para a salvação social e individual. Assim, como o apóstolo Paulo, agora posso dizer humildemente, mas com orgulho: "Trago em meu corpo as marcas do Senhor Jesus".[39]

Os momentos agonizantes pelos quais passei nos últimos anos também me aproximaram de Deus. Mais do que nunca, estou convencido da realidade de um Deus pessoal. É verdade que sem-

---

39 Gálatas 6:17. (N. E.)

pre acreditei na personalidade de Deus. Mas, no passado, a ideia de um Deus pessoal era pouco mais que uma categoria metafísica que eu considerava teológica e filosoficamente satisfatória. Agora é uma realidade viva, foi validada nas experiências da vida cotidiana. Deus tem sido profundamente real para mim nos últimos anos. Em meio a perigos exteriores, senti uma calma interior. Em meio a dias solitários e noites sombrias, ouvi uma voz interior dizendo: "Eis que eu estou convosco sempre".[40] Quando as correntes do medo e as algemas da frustração quase obstruíram meus esforços, senti o poder de Deus transformando a fadiga do desespero na leveza da esperança. Estou convencido de que o universo está sob o controle de um propósito amoroso, e de que, na luta pela justiça, o homem tem a companhia do cosmo. Por trás da aparência cruel do mundo existe um poder benigno. Dizer que esse Deus é pessoal não é torná-lo um objeto finito como outros objetos, nem atribuir a ele as limitações da personalidade humana; é enxergar o que há de melhor e mais nobre na nossa consciência e afirmar sua existência perfeita nele. Decerto é verdade que a personalidade humana é limitada, mas a personalidade como tal não envolve limitações necessárias. Significa simplesmente autoconsciência e autodirecionamento. Portanto, no sentido mais verdadeiro da palavra, Deus é um Deus vivo. Nele há sentimento e vontade, responsivos aos anseios mais profundos do coração humano: esse Deus tanto evoca a oração como responde a ela.

Os últimos dez anos têm sido dos mais emocionantes. Apesar das tensões e incertezas desse período, algo profundamente significativo está acontecendo. Antigos sistemas de exploração e opressão estão morrendo; novos sistemas de justiça e igualdade estão nascendo. Em um sentido real, este é um ótimo momento para estar vivo. Portanto, ainda não estou desanimado em relação ao fu-

---

40 Mateus 28:20. (N. E.)

turo. Mesmo que o otimismo descontraído de ontem seja impossível. Mesmo enfrentando uma crise mundial que nos lança com tanta frequência em meio ao murmúrio crescente do mar agitado da vida. Mas toda crise tem seus perigos e oportunidades. Pode significar salvação ou destruição. Em um mundo sombrio e confuso, o Reino de Deus ainda pode vicejar no coração dos homens.

QUINZE

O INSTINTO MAIOR DO TAMBOR

Esta manhã eu gostaria de usar um tema para pregar: "O instinto maior do tambor". E nosso texto para esta manhã foi extraído de uma passagem muito conhecida do décimo capítulo, registrada por São Marcos. No começo do trigésimo quinto verso desse capítulo, lemos as seguintes palavras: "E Tiago e João, filhos de Zebedeu, aproximaram-se dele, dizendo: Mestre, queremos que tu nos faças o que nós desejamos. E ele lhes disse: O que quereis que eu vos faça?. E eles lhe disseram: Concede-nos que na tua glória nós possamos nos assentar, um à tua direita, e outro à tua esquerda. Mas Jesus lhes disse: Não sabeis o que pedis; podeis vós beber o cálice que eu bebo, e serdes batizados com o batismo com que eu sou batizado? E eles lhe disseram: Nós podemos. Jesus, porém, disse-lhes: De fato, bebereis o cálice que eu bebo, e sereis batizados com o batismo com que eu sou batizado; porém, o assentar-se à minha direita, ou à minha esquerda, não é meu para dar, mas o será dado àqueles a quem está preparado'".[41] E então Jesus continua, no final da passagem, dizendo: "Mas não será assim entre vós; antes, qualquer que entre vós quiser tornar-se grande, será o vosso ministro, e qualquer que entre vós quiser ser o primeiro, será servo de todos".[42]

A situação é clara. Tiago e João estão fazendo um pedido específico ao Mestre. Eles sonhavam, como a maioria dos hebreus, com um futuro rei de Israel que libertaria Jerusalém e estabeleceria seu reino no monte Sião, e com justiça governaria o mundo. E eles pensavam em Jesus como esse tipo de rei. E estavam pensando no dia em que Jesus reinaria supremo como esse novo rei de Israel. E estavam dizendo: "Quando estabeleceres o teu reino, deixa um de nós sentar-se à direita e outro à esquerda do teu trono".[43]

---

41 Marcos 10:35-40. (N. E.)

42 Marcos 10:43-44. (N. E.)

43 Mesmo conteúdo de Marcos 10:37, porém não parece ser uma reprodução exata da passagem bíblica, mas uma paráfrase de King. (N. E.)

Agora, de pronto, condenaríamos automaticamente Tiago e João, diríamos que eles foram egoístas. Por que fariam um pedido tão egoísta? Porém, antes de condená-los de imediato, se olharmos com calma e sinceridade para nós mesmos, veremos que também temos esses mesmos desejos básicos de reconhecimento, de sermos importantes. Esse mesmo desejo de atenção, esse mesmo desejo de ser os primeiros. É claro que os outros discípulos ficaram bravos com Tiago e João, e vocês podem entender por quê, mas devemos compreender que temos algumas das mesmas características de Tiago e João. E que, no fundo, existe dentro de todos nós um instinto. É uma espécie de instinto maior do tambor — um desejo de estar na frente, um desejo de liderar o desfile, um desejo de ser o primeiro. E isso é algo que perpassa todos os aspectos da vida.

E assim, antes de condená-los, vamos observar que todos temos o instinto maior do tambor. Todos nós queremos ser importantes, superar os outros, ganhar distinção, liderar o desfile. Alfred Adler, o grande psicanalista, afirma que esse é o impulso dominante. Sigmund Freud costumava dizer que o sexo era o impulso dominante, e Adler veio com um novo argumento, dizendo que essa busca por reconhecimento, esse desejo de atenção, esse desejo de distinção é o impulso básico, a motivação básica da vida humana, esse instinto maior do tambor.

E vocês sabem que começamos cedo a pedir que a vida nos coloque em primeiro lugar. Nosso primeiro choro quando bebê foi um pedido de atenção. E durante toda a infância o principal impulso ou instinto do tambor é uma grande obsessão. As crianças pedem à vida que as coloque em primeiro lugar. Elas são um pequeno punhado de ego. E já nascem com o impulso ou instinto maior do tambor.

Mesmo agora, na vida adulta, ainda sentimos o mesmo impulso, e na verdade nunca o superamos. Gostamos de fazer algo de bom. E vocês sabem que gostamos de ser elogiados por isso. Se não acreditam nisso, continuem levando a vida e logo descobrirão que gostam de ser elogiados. Todo mundo gosta, na verdade. E de alguma forma esse calor interno que sentimos quando somos elogiados ou quando vemos nosso nome impresso é uma espécie de vitamina A do nosso ego. Ninguém se sente infeliz quando é elogiado, mesmo sabendo que não merece e mesmo que não acredite no elogio. As pessoas só se sentem infelizes em relação a elogios quando esses elogios estão sendo atribuídos demais a outra pessoa. Mas todo mundo gosta de ser elogiado, por causa desse verdadeiro instinto maior do tambor.

A presença do instinto maior do tambor é o motivo pelo qual muitas pessoas são tão "participativas". Vocês sabem, há pessoas que simplesmente querem participar de tudo. Na verdade, é uma busca por atenção, reconhecimento e importância. E elas ganham nomes que lhes dão essa impressão. Então você tem seus grupos, e elas ganham o título de "Grande patrono", e o companheirinho que está em sua casa, submisso, precisa de uma chance para ser o "Mais digno dos mais dignos" de alguma coisa. Trata-se do desejo e do impulso maior do tambor que perpassam todos os aspectos da vida humana. E assim, vemos essa busca por reconhecimento em toda parte. E participamos de coisas, participamos demais, aliás, e achamos que seremos reconhecidos por isso.

A presença desse instinto explica por que somos tão atraídos pelos publicitários. Vocês sabem, aqueles senhores de grande persuasão verbal. E eles têm um jeito de dizer coisas que nos levam a comprar. Para ser um homem de distinção, você precisa tomar este uísque. Para deixar seus vizinhos com inveja, você precisa dirigir este tipo de carro. Se quiser ser bonita para ser amada, você precisa usar este tipo de batom ou este tipo de perfume. E vocês sabem que, antes que percebam, já estão comprando essas coisas. É isso que os publicitários fazem.

Outro dia recebi uma carta, e era sobre uma nova revista a ser lançada. Abri a carta: "Prezado dr. King: Como deve saber, o senhor está em muitas listas de mala direta. E está classificado como altamente inteligente, progressista, um amante das artes e das ciências, e sei que vai querer ler o que tenho a dizer". Claro que eu li. Depois que você disse tudo isso e explicou como sou com tanta exatidão, é claro que eu queria ler.

Mas trata-se de algo muito sério, que perpassa a vida: o instinto maior do tambor é real. E sabem o que mais isso provoca? Muitas vezes nos leva a viver acima de nossos meios. Tudo por causa do instinto maior do tambor. Vocês já viram pessoas comprando automóveis que não poderiam sequer pensar em comprar considerando seus rendimentos? Vocês já viram pessoas andando de Cadillac e de Chrysler que não ganham o suficiente nem para ter um bom Ford Modelo T.[44] Mas isso alimenta um ego reprimido.

Os economistas nos dizem que seu automóvel não deve custar mais que a metade de sua renda anual. Portanto, se você tiver uma renda de 5 mil dólares, seu carro não pode custar mais de 1,5 mil. É simplesmente uma questão econômica. E se for uma família de duas pessoas, e juntas elas ganharem 10 mil dólares, teriam de se contentar com um só automóvel. Isso seria uma questão econômica, embora muitas vezes seja inconveniente. Mas quantas vezes vocês já não viram gente que ganha 5 mil dólares por ano e dirige um carro que custa 6 mil? E eles se perguntam por que suas contas nunca fecham. Isso é um fato.

Os economistas também dizem que sua casa não deve custar — se você for comprar uma casa — mais do que o dobro de sua renda. Isso com base na economia e em como fechar suas contas. Assim, se você tiver uma renda de 5 mil dólares, é meio difícil comprar uma casa nessa sociedade. Mas digamos que seja uma família com uma renda de 10 mil dólares, então a casa não deve custar muito mais que 20 mil. Bem, já vi gente que ganha 10 mil dólares

---

44 Modelo cuja produção teve início em 1913 e se estendeu até 1927. (N. E.)

morando numa casa de 45 mil dólares. E vocês sabem que eles mal conseguem aguentar. Eles recebem um contracheque todos os meses em algum lugar e já devem tudo aquilo antes mesmo de receberem. Nunca sobra nada para poupar para um momento difícil.

Mas o problema é o instinto maior do tambor. E vocês veem muitas pessoas sendo levadas pelo instinto maior do tambor. E elas passam a vida tentando ser mais que os vizinhos. Compram um casaco porque esse casaco específico é um pouco melhor e mais bonito que o casaco da Mary. E eu preciso ter esse carro porque há alguma coisa nele que o torna um pouco melhor que o do meu vizinho. Conheço um homem que morava em uma casa de 35 mil dólares. Aí alguém mais construiu uma casa de 35 mil dólares, e ele então construiu uma casa de 75 mil dólares. E aí alguém construiu uma casa de 75 mil dólares, e ele construiu uma casa de 100 mil dólares. Não sei onde ele vai parar se continuar vivendo apenas para se manter no mesmo nível do vizinho.

Chega um momento em que o instinto maior do tambor pode se tornar destrutivo. E é aí que quero chegar. Quero dizer que, se esse instinto não é controlado, torna-se muito perigoso e pernicioso. Por exemplo, se não for controlado, pode distorcer a personalidade. Acho que este é o aspecto mais prejudicial: o que faz com a personalidade. Se ele não for controlado, você passará todos os seus dias tentando lidar com seu problema de ego se vangloriando. Vocês já ouviram falar de pessoas que — tenho certeza que conheceram pessoas assim — se tornam realmente antipáticas porque passam o tempo todo falando sobre si mesmas? Só se gabando, se gabando e se gabando; é o tipo de pessoa que não controlou o instinto maior do tambor.

E isso ainda faz outras coisas com a personalidade. Às vezes faz você mentir ao dizer que conhece alguém. Existem pessoas que são vendedoras de influência. E na tentativa de lidar com o instinto maior do tambor, elas precisam tentar se identificar com as chamadas pessoas famosas. Se você não tomar cuidado, elas vão fazer você pensar que conhecem alguém que na verdade não conhecem. Vão dizer que as conhecem muito bem, tomam chá com elas e fazem isso e aquilo. Isso acontece com as pessoas.

E outro ponto é que isso pode levar alguém a se envolver em atos que são usados apenas para chamar atenção. Os criminologistas nos dizem que algumas pessoas são levadas ao crime por causa desse instinto maior do tambor. Elas acham que não estão recebendo atenção suficiente pelas vias normais do comportamento social e, por isso, recorrem ao comportamento antissocial para chamar atenção, para se sentirem importantes. Aí elas pegam uma arma e, antes que percebam, estão roubando um banco em busca de reconhecimento, para se sentirem importantes.

Assim, a última grande tragédia de uma personalidade distorcida é que, quando não consegue controlar esse instinto, acaba tentando botar os outros para baixo para se sentir superior. E sempre que você faz isso, se envolve em algumas das ações mais perversas. Você vai espalhar fofocas maldosas, cruéis e mentirosas sobre as pessoas porque está tentando botá-las para baixo para, desse modo, ficar por cima. E a grande questão da vida é dominar o instinto maior do tambor.

Agora, o outro problema é que, quando você não domina o instinto maior do tambor — esse aspecto descontrolado —, isso leva ao exclusivismo esnobe. Isso leva ao exclusivismo esnobe. E vocês sabem, esse é o perigo dos clubes e fraternidades sociais — eu estou em uma fraternidade; estou em duas ou três — por questões de sororidade e tal, e não vou falar mal delas. Estou dizendo que esse é o perigo. O perigo é que elas podem se tornar forças de classismo e exclusivismo quando você, de alguma forma, sente certa satisfação por participar de algo exclusivo. E isso está preenchendo alguma coisa, vocês sabem — eu estou nessa fraternidade, e é a melhor fraternidade do mundo, e nem todos podem entrar nessa fraternidade. Assim, isso acaba sendo muito exclusivista.

E isso também pode acontecer com a Igreja; conheço igrejas que às vezes acabam caindo nesse tipo de coisa. Já estive em igrejas que dizem: "Nós temos muitos médicos, muitos professores, muitos advogados e muitos empresários na nossa igreja". Tudo bem, porque médicos precisam ir à igreja, advogados, empresários e professores — eles devem frequentar a igreja. Mas elas dizem isso — até o pastor às vezes passa por isso — como se as outras pessoas não contassem.

E a Igreja é o único lugar onde um médico deveria esquecer que é médico. A Igreja é o único lugar onde alguém com um doutorado deveria esquecer que é um doutor. A Igreja é o único lugar onde a professora deveria esquecer o diploma com o seu nome. A Igreja é o único lugar onde o advogado deveria esquecer que é advogado. E qualquer igreja que viole a doutrina de "seja quem for, deixe entrar" é uma Igreja morta e fria, nada além de um pequeno clube social com um fino verniz de religiosidade.

Quando a Igreja é fiel à sua natureza, diz: "Seja quem for, deixe entrar". A Igreja não deveria satisfazer os usos pervertidos do instinto maior do tambor. É o único lugar onde todos deveriam ser iguais, diante de um Mestre e Salvador em comum. E daí vem o reconhecimento — de que todos os homens são irmãos porque são filhos de um pai em comum.

O instinto maior do tambor pode levar ao exclusivismo no pensamento de alguém, pode fazer alguém achar que, por ter alguma formação, é um pouco melhor do que alguém que não tem. Ou que, por ter alguma segurança econômica, é um pouco melhor que alguém que não tem. E esse é o uso descontrolado e pervertido do instinto maior do tambor.

Agora, outra coisa é que isso leva a um trágico preconceito racial — e já vimos isso acontecer inúmeras vezes. Muitos escreveram sobre esse problema — Lillian Smith costumava falar disso lindamente em alguns de seus livros. E fazia isso a ponto de conseguir que homens e mulheres vissem a fonte do problema. Vocês sabiam que grande parte do problema racial se origina do instinto maior do tambor? Da necessidade que algumas pessoas têm de se sentir superiores. Da necessidade de algumas pessoas acharem que são as primeiras e sentirem que sua pele lhes dá o direito de serem as primeiras. E disseram isso muitas e muitas vezes, até vermos com nossos próprios olhos. Aliás, pouco tempo atrás um homem do Mississippi disse que Deus era um membro fundador do Conselho de Cidadãos Brancos. Portanto, sendo Deus o membro fundador, isso significa que todos que estão no conselho têm uma espécie de divindade, uma espécie de superioridade. E pensem no que aconteceu ao longo da história como resultado desse uso pervertido do instinto maior do tambor. Isso levou ao mais trágico preconceito, às mais trágicas manifestações da desumanidade do homem para com o homem.

Outro dia eu estava dizendo... — sempre tento converter pessoas quando estou na prisão. E quando, outro dia, estávamos na prisão de Birmingham, os guardas brancos e todos os outros se interessaram em vir até a cela para conversar sobre o problema racial. E queriam nos mostrar onde estávamos errados ao nos manifestarmos. Queriam nos mostrar por que a segregação era uma coisa certa. Queriam nos mostrar por que o casamento inter-racial era tão errado. Aí eu começava a pregar e nós passávamos a conversar — com calma, porque eles queriam falar sobre isso. E até chegarmos a ponto — foi no segundo ou terceiro dia — de conversar sobre onde eles moravam e quanto ganhavam. E quando esses irmãos me disseram o que ganhavam, eu falei: "Sabem de uma coisa? Vocês deveriam estar marchando conosco. Vocês são tão pobres quanto os negros". E continuei: "Vocês foram postos na posição de apoiar seu opressor porque, por causa do preconceito e da cegueira, vocês não veem que as mesmas forças que oprimem os negros na sociedade americana oprimem os brancos pobres.

Vocês estão vivendo apenas da satisfação por sua pele ser branca, e do instinto maior do tambor de pensarem que são maiores por serem brancos. Mas vocês são tão pobres que não podem mandar os filhos para a escola. Vocês deveriam estar lá fora marchando conosco toda vez que fazemos uma passeata".

Isso é um fato. O branco pobre foi posto nessa posição, em que é forçado a apoiar seus opressores, por causa da cegueira e do preconceito. E a única coisa que eles têm a seu favor é a falsa sensação de serem superiores porque têm a pele branca — e mal conseguem comer e fechar as contas a cada semana.

E isso não acontece só na luta racial, também acontece na luta entre países. Eu queria dizer a vocês nesta manhã que o que há de errado no mundo hoje é que os países do mundo estão envolvidos em uma disputa amarga e colossal por supremacia. E se nada deter essa tendência, tenho muito medo de não continuarmos aqui para falar sobre Jesus Cristo, sobre Deus e sobre irmandade por muitos anos mais. Se alguém não puser um fim nesse impulso suicida que vemos no mundo de hoje, nenhum de nós estará aqui, porque alguém vai cometer o disparate de se precipitar e lançar uma bomba nuclear em algum lugar. E depois lançar mais uma. E não se deixem enganar, isso pode acontecer em questão de segundos. Neste momento eles têm bombas de vinte megatons na Rússia capazes de destruir uma cidade do tamanho de Nova York em três segundos, acabando com todo mundo e com todos os prédios. E nós podemos fazer o mesmo com a Rússia e a China.

Mas isso é porque estamos à deriva. E estamos à deriva porque os países estão obcecados pelo instinto maior do tambor. "Preciso ser o primeiro." "Preciso ser supremo." "Nosso país precisa governar o mundo." E fico triste em dizer que o país onde vivemos é o maior culpado. E vou continuar dizendo isso aos Estados Unidos porque amo este país demais para ficar vendo o curso que seguiu.

Deus não convocou os Estados Unidos da América para fazer o que estão fazendo no mundo agora. Deus não convocou os Estados Unidos da América para se envolver numa guerra absurda e injusta como a guerra no Vietnã. E nós somos criminosos nessa guerra. Cometemos mais crimes de guerra do que quase todos os países do mundo, e continuarei a dizer isso. E não vamos parar por causa de nosso orgulho e nossa arrogância como país.

Mas Deus tem uma maneira até mesmo de colocar os países em seu devido lugar. O Deus que eu venero tem um modo de dizer: "Não brinquem comigo". Ele tem um jeito de dizer, como o Deus do Velho Testamento costumava dizer aos hebreus: "Não brinque comigo, Israel. Não brinque comigo, Babilônia. Fiquem quietos e saibam que eu sou Deus. E se vocês não interromperem esse caminho imprudente, eu me levantarei e quebrarei a espinha dorsal do seu poder". E isso pode acontecer com os Estados Unidos. De vez em quando releio *Declínio e queda do Império Romano*, de Gibbon. E quando olho para o nosso país, digo a mim mesmo: "Os paralelos são assustadores. E nós pervertemos o instinto maior do tambor".

Vou chegar logo à minha conclusão, pois quero que vocês vejam o que Jesus estava realmente dizendo. Qual foi a resposta que Jesus deu a esses homens? É muito interessante. Alguém poderia pensar que Jesus os teria condenado. Alguém poderia pensar que Jesus teria dito: "Vocês estão perderam o propósito. Vocês são egoístas. Por que levantariam uma questão como essa?".

Mas não foi isso que Jesus fez; ele fez algo totalmente diferente. Ele disse, em suma: "Ah, entendi, vocês querem ser os primeiros. Vocês querem ser grandes. Vocês querem ser importantes. Você querem ser significativos. Bem, vocês deveriam ser. Se vão ser meus discípulos, você precisam ser". Mas ele reorganizou as prioridades. E disse: "Sim, não desistam desse instinto. É um bom instinto se vocês o usarem corretamente. É um bom instinto se vocês não o distorcerem nem o perverterem. Não desistam. Continuem sentindo a necessidade de serem importantes. Continuem sentindo a necessidade de serem os primeiros. Mas quero que vocês sejam os primeiros em amor. Quero que sejam os primeiros em excelência moral. Quero que sejam os primeiros em generosidade. É isso que quero que façam".

E ele transformou a situação ao dar uma nova definição de grandeza. E vocês sabem como ele disse isso? Ele disse: "Ora, irmãos, eu não posso lhes dar grandeza. E realmente não posso torná-los os primeiros".[45] Foi o que Jesus disse a Tiago e João. "Vocês precisam merecer. A verdadeira grandeza não vem por favoritismo, mas por aptidão. E a mão direita e a esquerda não são minhas para que eu as dê, elas pertencem àqueles a quem está preparado."[46]

E assim Jesus nos deu uma nova norma de grandeza. Se vocês querem ser importantes — maravilhoso. Se querem ser reconhecidos — maravilhoso. Se querem ser grandes — maravilhoso. Mas reconheçam que o maior entre vós será vosso servo. Essa é uma nova definição de grandeza.

E nesta manhã, o que gosto nela: com essa definição de grandeza, todos podem ser grandes, porque todos podem servir. Vocês não precisam ter um diploma universitário para servir. Não precisam saber a concordância entre verbo e objeto para servir. Não precisam saber sobre Platão e Aristóteles para servir. Não precisam conhecer a teoria da relatividade de Einstein para servir. Não precisam conhecer a segunda lei da termodinâmica da física para servir. Vocês só precisam de um coração cheio de graça, uma alma gerada pelo amor. E vocês podem ser esse servo.

Conheço um homem — só quero falar sobre ele um minuto, e talvez vocês descubram de quem estou falando enquanto prossigo, pois ele foi um dos grandes. Tudo que ele fez foi servir. Nasceu

---

45 Aqui também não parece se tratar de uma reprodução literal de passagem bíblica, mas uma paráfrase de King. (N. E.)

46 De novo, não parece ser uma passagem bíblica, mas uma paráfrase de King. (N. E.)

numa vilarejo obscuro, filho de uma pobre camponesa. E cresceu em outro vilarejo obscuro, onde trabalhou como carpinteiro até os trinta anos de idade. Depois, durante três anos foi um pregador itinerante. E continuou fazendo algumas coisas. Nunca teve muito. Nunca escreveu um livro. Nunca ocupou um cargo. Nunca teve uma família. Nunca teve uma casa. Nunca foi para a faculdade. Nunca visitou uma cidade grande. Nunca se afastou trezentos quilômetros de onde nasceu. Não fez nada do que o mundo associaria a grandeza. Ele não tinha nenhuma credencial além de si mesmo.

Tinha apenas 33 anos quando a maré da opinião pública se voltou contra ele. Eles o chamavam de desordeiro. Eles o chamavam de encrenqueiro. Disseram que era um agitador. Ele praticou desobediência civil; desobedeceu injunções. Então foi entregue a seus inimigos e passou pelo arremedo de um julgamento. E a ironia disso tudo foi ter sido entregue pelos próprios amigos. Um de seus amigos mais íntimos o negou. Outro amigo o entregou aos inimigos. E enquanto ele morria, as pessoas que o matavam tiravam a sorte para ficar com suas roupas, a única coisa que ele possuía no mundo. Quando morreu, foi enterrado em uma tumba emprestada, pois um amigo se compadeceu dele.

Dezenove séculos se passaram e hoje ele se destaca como a figura mais influente que já entrou na história da humanidade. Todos os exércitos que já marcharam, todas as marinhas que já navegaram, todos os parlamentos que já se reuniram e todos os reis que reinaram, somados, não afetaram tanto a vida do homem nesta Terra quanto aquela única vida. O nome dele pode ser familiar. Mas hoje eu os ouço falar sobre ele. De vez em quando alguém diz: "Ele é o Rei dos Reis". E também posso ouvir alguém dizendo: "Ele é o Senhor dos Senhores". Em algum outro lugar posso ouvir alguém dizendo: "Em Cristo não há Oriente nem Ocidente". E continuam falando: "Nele não há Norte e Sul, mas uma grande

Irmandade de Amor em todo o mundo". Ele não tinha nada. Só andou por aí servindo e fazendo o bem.

Esta manhã, vocês podem estar à direita e à esquerda dele se servirem. É a única porta de entrada.

De vez em quando acho que todos pensamos de maneira realista sobre o dia em que seremos vítimas daquele que é o denominador comum final da vida — aquilo que chamamos de morte. Todos pensamos sobre isso. E às vezes penso na minha própria morte e no meu funeral. Não penso nisso como algo mórbido. E de vez em quando me pergunto: "O que eu gostaria de dizer?". E deixo a vocês uma mensagem nesta manhã.

Se algum de vocês estiver por perto quando chegar o meu dia, não quero um longo funeral. E se vocês conseguirem pessoas para fazer a elegia, peçam a elas que não falem por muito tempo. E de vez em quando eu me pergunto o que gostaria que elas dissessem. Digam para não mencionar que ganhei um Prêmio Nobel da Paz — isso não é importante. Digam para não mencionar que ganhei uns trezentos ou quatrocentos outros prêmios — isso não é importante. Digam para não mencionar que escola frequentei.

Gostaria que alguém mencionasse nesse dia que Martin Luther King Jr. tentou dar a vida para servir os outros.

Gostaria que alguém dissesse nesse dia que Martin Luther King Jr. tentou amar alguém.

Quero que vocês digam nesse dia que tentei agir certo sobre a questão da guerra.

Quero que vocês possam dizer nesse dia que tentei alimentar os que têm fome.

E quero que possam dizer nesse dia que, na minha vida, tentei vestir os que estavam nus.

Quero que digam nesse dia que, na minha vida, tentei visitar aqueles que estavam na prisão.

Quero que digam que tentei amar e servir a humanidade.

Sim, se vocês quiserem dizer que fui um regente do tambor, diga que fui um regente do tambor em prol da justiça. Digam que fui um regente do tambor em prol da paz. Que fui um regente do tambor em prol da integridade. E todas as outras coisas superficiais não terão importância. Não terei dinheiro para deixar. Não terei as coisas belas e luxuosas da vida para deixar. Só quero deixar uma vida comprometida. E é tudo o que quero dizer.

> *Se eu puder ajudar alguém enquanto estiver de passagem,*
> *Se eu puder alegrar alguém com uma palavra ou uma música,*
> *Se eu puder mostrar a alguém que está no caminho errado,*
> *Então minha vida não será em vão.*
> *Se eu puder cumprir meu dever como cristão,*
> *Se eu puder trazer a salvação para um mundo já forjado,*
> *Se eu puder transmitir a mensagem como o Mestre ensinou,*
> *Então minha vida não será em vão.*

Sim, Jesus, quero estar do seu lado direito ou esquerdo, não por qualquer motivo egoísta. Quero estar do seu lado direito ou esquerdo, não em termos de algum reino ou ambição política. Só quero estar presente no amor, na justiça, na verdade e no comprometimento com os outros, para podermos fazer deste velho mundo um mundo novo.

DEZESSEIS

AS TRÊS DIMENSÕES DE UMA VIDA COMPLETA

Quero usar como tema do que vou pregar: "As três dimensões de uma vida completa". Em Hollywood eles costumavam nos dizer que, para estar completo, um filme tinha que ser tridimensional. Bem, nesta manhã eu quero tentar passar a cada um de nós que, para a própria vida estar completa, ela deve ser tridimensional.

Muitos e muitos séculos atrás, havia um homem chamado João que se encontrava numa prisão em uma ilha solitária e obscura chamada Patmos. Já estive numa prisão por tempo suficiente para saber que é uma experiência solitária. E quando você está encarcerado nessa situação, fica privado de quase toda liberdade, menos da liberdade de pensar, da liberdade de orar, da liberdade de refletir e meditar. E enquanto estava na prisão dessa ilha solitária, João levantou os olhos para o céu e viu, descendo dele, um novo céu e uma nova terra. No vigésimo primeiro capítulo do livro do Apocalipse, ele começa dizendo: "E vi um novo céu, e uma nova terra [...]. E eu, João, vi a santa cidade, a nova Jerusalém, descendo do céu, da parte de Deus".[47]

E uma das maiores glórias dessa nova cidade de Deus que João viu foi sua completude. Não era alta de um lado e baixa do outro, mas estava completa em todas as suas três dimensões. E assim, nesse mesmo capítulo, quando analisamos o décimo sexto versículo, João diz: "Seu comprimento, largura e altura são iguais".[48] Em outras palavras, essa nova cidade de Deus, essa nova cidade da humanidade ideal não é uma entidade desequilibrada, mas é completa em todos os lados. Bem, acho que João está dizendo algo aqui em todo o simbolismo desse texto e no simbolismo desse capítulo. Está dizendo, no fundo, que a vida como deveria ser, a vida no seu melhor, é uma vida completa em todos os seus lados.

---

47 Apocalipse 21:1-2. (N. E.)

48 Apocalipse 21:16. (N. E.)

E existem três dimensões de qualquer vida completa às quais podemos aplicar adequadamente as palavras deste texto: comprimento, largura e altura. Agora, o comprimento da vida como o usaremos aqui é a preocupação interior, com o próprio bem-estar. Em outras palavras, é essa preocupação interior que faz a pessoa avançar, alcançar os próprios objetivos e ambições. A largura da vida como a usaremos aqui é a preocupação externa, com o bem-estar dos outros. E a altura da vida é chegar a Deus no céu. E vocês precisam de todas as três para ter uma vida completa.

Agora vamos nos voltar por um momento para o comprimento da vida. Eu disse que essa é a dimensão da vida em que estamos preocupados em desenvolver nossos poderes interiores. Em certo sentido, é a dimensão egoísta da vida. Trata-se de um interesse racional e saudável por si próprio. Um grande rabino judeu, o falecido Joshua Liebman, escreveu há alguns anos um livro intitulado *Paz do espírito*. E um dos capítulos desse livro chama-se "Love Thyself Properly" [Ama-te apropriadamente]. E o que ele diz nesse capítulo, em resumo, é que, para poder amar os outros adequadamente, é preciso amar a si mesmo adequadamente. Vocês sabem, muita gente não se ama. Passam a vida com conflitos emocionais profundos e torturantes. Portanto, o comprimento da vida significa que vocês devem amar a si mesmos.

E vocês sabem o que significa amar a si mesmos? Significa que vocês precisam se aceitar. Tantas pessoas estão ocupadas tentando ser outra pessoa. Deus deu a todos nós algo importante. E nós devemos rezar todos os dias, pedindo a Deus que nos ajude a nos aceitarmos. Isso significa tudo. Muitos negros têm vergonha de si mesmos, vergonha de serem negros. Um negro se levantou e disse do fundo de sua alma: "Eu sou alguém. Tenho uma herança rica, nobre e orgulhosa. Por mais explorada e por mais dolorosa que tenha sido minha história, sou negro, mas sou negro e bonito". É isso que temos que dizer. Nós precisamos nos aceitar.

E precisamos orar: "Senhor, ajude-me a me aceitar todos os dias; ajude-me a aceitar as minhas ferramentas".

Lembro-me de quando estava na faculdade, eu me formei em sociologia, e todos os formandos em sociologia tiveram de estudar uma matéria que exigia estatística. E estatística pode ser algo muito complicado. É preciso ter um pensamento matemático, um bom conhecimento de geometria e saber como encontrar a média, a moda e a mediana. Eu nunca vou me esquecer. Quando fiz esse curso, tive um colega de classe que conseguia resolver essas coisas. E conseguia fazer sua lição de casa em mais ou menos uma hora. Nós íamos ao laboratório ou à oficina, e ele trabalhava cerca de uma hora, e pronto. E eu tentava fazer o que ele fazia; tentava fazer meu trabalho em uma hora. E quanto mais tentava fazer isso em uma hora, mais eu ia mal no curso. E precisei chegar a uma conclusão muito difícil. Tive que dizer a mim mesmo: "Bem, Martin Luther King, Leif Cane tem uma cabeça melhor que a sua". Às vezes você precisa reconhecer isso. E eu tive que dizer a mim mesmo: "Ele consegue fazer isso em uma hora, mas eu levo duas ou três horas". Eu não estava querendo me aceitar. Não queria aceitar minhas ferramentas e minhas limitações.

Mas vocês sabem que, na vida, nós precisamos fazer isso. Um carro Ford tentando ser um Cadillac é um absurdo, mas, se um Ford se aceitar como Ford, pode fazer muitas coisas que um Cadillac jamais poderia fazer: pode caber em vagas de estacionamento onde um Cadillac nunca caberia. E, na vida, alguns de nós são Ford e outros são Cadillac. Moisés diz em *Mais próximo do céu*:[49] "Senhor, eu não sou muito, mas sou tudo o que tenho". O princípio da autoaceitação é um princípio básico na vida.

---

49 Peça de teatro de Marc Connelly cujo título original era *The Green Pastures*, apresenta passagens do Antigo Testamento sob a perspectiva de um garoto negro. Foi vencedora do prêmio Pulitzer em 1930, na categoria drama, tendo sido a primeira obra da Broadway cujo elenco era composto apenas de atores

Agora, a outra coisa sobre o comprimento da vida: depois de aceitarmos a nós mesmos e às nossas ferramentas, precisamos descobrir o que somos chamados a fazer. E assim que descobrimos, precisamos começar a fazer isso com toda a força e todo o poder que tivermos no nosso organismo. E quando descobrirmos o que Deus nos chamou a fazer, quando descobrirmos o trabalho da nossa vida, devemos começar a fazer esse trabalho tão bem que ninguém vivo, morto ou ainda por nascer poderia fazer melhor. Mas isso não significa que todos farão as chamadas coisas grandes e mais reconhecidas da vida. Pouquíssimos chegarão à altura dos gênios nas artes e nas ciências; muito poucos conseguirão exercer certas profissões. A maioria de nós terá que se contentar em trabalhar em lavouras, em fábricas e nas ruas. Mas devemos ver a dignidade de qualquer trabalho.

Quando eu estava em Montgomery, no Alabama, ia muito a uma sapataria, conhecida como Gordon Shoe Shop. E havia um sujeito lá que costumava engraxar meus sapatos, e era uma experiência ver aquele sujeito engraxando os meus sapatos. Ele pegava aquele trapo, vocês sabem, e tirava música dele. E eu disse a mim mesmo: "Esse sujeito tem um doutorado em engraxar sapatos".

O que estou dizendo a vocês nesta manhã, meus amigos, é que, mesmo que lhe caiba ser um varredor de rua, varra as ruas como Michelangelo pintava quadros; varra as ruas como Handel e Beethoven compunham música; varra as ruas como Shakespeare escrevia poesia; varra as ruas tão bem que qualquer exército do céu e da terra terá de fazer uma pausa e dizer: "Aqui viveu um grande varredor de rua que fazia bem o seu trabalho".

---

negros. Em 1936, foi transformada em filme. (N. E.)

> *Se você não pode ser um pinheiro no alto de uma montanha*
> *Seja uma folhagem no vale — mas seja*
> *A melhor folhagem ao lado da montanha,*
> *Seja um arbusto se não puder ser uma árvore.*
> *Se você não puder ser uma estrada, seja somente uma trilha*
> *Se você não puder ser o sol, seja uma estrela;*
> *Não é pelo tamanho que você ganha ou perde —*
> *Seja o melhor em tudo o que você for.*[50]

E quando você fizer isso, quando fizer isso, você dominou o comprimento da vida.

Esse avanço para a autorrealização é a finalidade da vida de uma pessoa. Mas não parem por aqui. Vocês sabem, muita gente não tem nada na vida além do comprimento. Elas desenvolvem seus poderes internos, fazem bem seu trabalho. Mas tentam viver como se não houvesse ninguém mais no mundo a não ser elas mesmas. E usam todos os outros como meras ferramentas para chegar a seu destino. Elas não amam ninguém além de si mesmas. E o único tipo de amor que de fato sentem por outras pessoas é o amor utilitário. Vocês sabem, elas simplesmente amam as pessoas que podem usar.

Muita gente nunca vai além da primeira dimensão da vida. Usam os outros como simples degraus para alcançar seus objetivos e ambições. Essas pessoas não se desenvolvem bem na vida. Podem seguir em frente por um tempo, podem achar que estão fazendo tudo certo, mas há uma lei. É chamada de lei da gravidade no universo físico, e funciona, é definitiva, é inexorável: tudo o que sobe pode cair. Vocês vão colher o que semearem. Deus estruturou o universo dessa maneira. E quem passar a vida sem se preocupar com os outros será uma vítima dessa lei.

---

[50] Trecho do poema "Be the Best of Whatever You Are", do americano Douglas Malloch (1877-1938). (N. E.)

Então, agora eu digo que é preciso acrescentar largura ao comprimento. A largura da vida é a preocupação externa, com o bem-estar dos outros, como eu já disse. E um homem não começa a viver enquanto não conseguir se elevar acima dos estreitos limites de suas preocupações individuais e chegar às preocupações mais abrangentes de toda a humanidade.

Um dia Jesus contou uma parábola. Vocês vão se lembrar dessa parábola. Um homem o procurou para falar sobre algumas preocupações muito profundas. E afinal eles chegaram à pergunta: "E quem é o meu próximo?".[51] E esse homem queria debater com Jesus. Essa pergunta poderia facilmente acabar no ar como um debate teológico ou filosófico. Mas vocês lembram que Jesus logo tirou essa pergunta do ar e a transferiu para uma perigosa curva entre Jerusalém e Jericó. Ele falou sobre certo homem que fora assaltado por ladrões. Dois homens apareceram e continuaram andando. Então finalmente apareceu outro homem, membro de outro povo, que parou e o ajudou. E a parábola termina dizendo que esse bom samaritano era um grande homem; era um homem bom porque sua preocupação ia além de si mesmo.

Vocês sabem, há muitas versões sobre por que o sacerdote e o levita passaram e não pararam para ajudar aquele homem. Muitas ideias a respeito. Alguns dizem que eles estavam indo a um culto na igreja, que estavam um pouco atrasados e não podiam chegar tarde à igreja, e assim continuaram porque precisavam seguir até a sinagoga. Outros dizem que estavam envolvidos no sacerdócio, e consequentemente havia uma lei sacerdotal que dizia que não se podia administrar o sacramento ou o que fosse se tivesse tocado num corpo humano 24 horas antes da veneração. Agora há outra possibilidade. Talvez eles estivessem indo a Jericó para organizar uma Associação de Melhorias das Estradas de Jericó. Essa é outra

---

51   Lucas 10:29. (N. E.)

possibilidade. E podem ter passado ao largo porque acharam que lidar com o problema na fonte causal era melhor que com uma vítima individual. Essa é uma possibilidade.

Mas, quando penso nessa parábola, penso em outra possibilidade ao usar minha imaginação. Talvez esses homens tenham passado pelo outro lado porque estavam com medo. Vocês sabem que a estrada de Jericó é uma estrada perigosa. Eu já passei por ela e sei. E nunca vou me esquecer, eu e a sra. King estivemos na Terra Santa algum tempo atrás. Alugamos um carro e dirigimos de Jerusalém até Jericó, uma distância de mais ou menos 25 quilômetros. Pegamos a estrada de Jericó — e posso dizer que é uma estrada sinuosa, cheia de curvas e meandros, muito propícia para um assalto. E eu disse à minha esposa: "Agora posso ver por que Jesus usou essa estrada na sua parábola". Quando você sai de Jerusalém, está quase setecentos metros acima do nível do mar, e quando chega a Jericó, 25 quilômetros depois — ou seja, a 25 quilômetros de Jerusalém —, está quase quatrocentos metros abaixo do nível do mar. Nos tempos de Jesus, essa estrada chegou a ser conhecida como o "Caminho Sangrento". Assim, quando penso no sacerdote e no levita, acho que esses irmãos estavam com medo.

Eles eram como eu. Outro dia eu estava indo até a casa do meu pai, em Atlanta. Ele mora a uns cinco ou seis quilômetros de mim, e você chega lá pela Simpson Road. Então, quando voltei de lá tarde da noite — e irmãos, posso dizer que a Simpson Road é uma estrada sinuosa —, vi um sujeito tentando acenar para mim. Achei que ele precisava de ajuda; sabia que ele precisava de ajuda. Mas não tinha certeza. Vou ser honesto com vocês, segui viagem. Realmente não quis correr o risco.

Digo a vocês nesta manhã que a primeira pergunta que o sacerdote fez foi a primeira pergunta que eu fiz naquela estrada de Jericó, em Atlanta, conhecida como Simpson Road. A primeira pergunta que o levita fez foi: "Se eu parar para ajudar esse homem, o que vai acontecer comigo?". Mas o bom samaritano apareceu e inverteu a pergunta. Não perguntou "O que vai acontecer comigo se eu parar para ajudar esse homem?", mas sim "O que vai acontecer com esse homem se eu não parar para ajudá-lo?". Por isso aquele homem foi bom e nobre. Foi nobre porque estava disposto a correr um risco pela humanidade; estava disposto a perguntar: "O que vai acontecer com esse homem?", e não "O que vai acontecer comigo?".

É disso que Deus precisa hoje: homens e mulheres que perguntem: "O que vai acontecer com a humanidade se eu não ajudar? O que vai acontecer com o movimento dos direitos civis se eu não participar? O que vai acontecer com minha cidade se eu não votar? O que vai acontecer com os doentes se eu não os visitar?". É assim que Deus julga as pessoas em sua análise final.

Ah, haverá um dia em que a pergunta não será "Quantos prêmios você recebeu na vida?". Não nesse dia. Não será "Quão popular você era no seu círculo social?". Essa não será a pergunta nesse dia. Não será sobre quantos diplomas você tem. A pergunta desse dia não será se você "tem um doutorado" ou "não tem um doutorado". Não será se você estudou numa escola de elite ou se não estudou em escola nenhuma. A pergunta desse dia não será "Quão bela é sua casa?". A pergunta nesse dia não será "Quanto dinheiro você acumulou? Quanto tinha em ações e títulos?". A pergunta nesse dia não será "Que automóvel você tinha?". Nesse dia, a pergunta será "O que você fez pelos outros?".

Já posso até ouvir alguém dizendo: "Senhor, eu fiz muitas coisas na vida. Fiz bem meu trabalho; o mundo me homenageou por fazer meu trabalho. Eu fiz muitas coisas, Senhor; entrei na escola e estudei muito. Acumulei muito dinheiro, Senhor; foi isso que fiz". Parece que já consigo ouvir o Senhor da Vida dizendo: "Mas eu estava com fome, e você não me alimentou. Eu estava doente, e você não me visitou. Eu estava nu, e você não me vestiu. Eu estava na prisão, e você não se preocupou comigo. Então saia da minha frente. O que você fez pelos outros?". Essa é a largura da vida.

Em algum ponto ao longo do caminho, precisamos aprender que não há nada melhor do que fazer algo pelos outros. E foi assim que resolvi passar o resto dos meus dias. É isso que me preocupa. João, se você e Bernardo estiverem por perto quando eu chegar aos últimos dias e àquele momento de atravessar o Jordão, quero que diga a eles que fiz um pedido: não quero um longo funeral. Na verdade, nem preciso de uma elegia de mais de um ou dois minutos. Espero viver tão bem o resto dos meus dias — não sei quanto tempo vou viver nem estou preocupado com isso —, mas espero poder viver tão bem que o pastor possa se levantar e dizer: "Ele foi fiel". Isso é tudo, é o suficiente. Este é o sermão que eu gostaria de ouvir: "Muito bem, meu bom e fiel servo. Você foi fiel; você se preocupou com os outros". É lá que quero chegar a partir de agora pelo resto dos meus dias. "O maior entre vós será vosso servo." Eu quero ser um servo. Quero ser uma testemunha do meu Senhor, fazer algo pelos outros.

E não se esqueçam de fazer algo pelos outros, pois vocês têm o que têm por causa dos outros. Não se esqueçam disso. Estamos todos ligados uns aos outros na vida e no mundo. Vocês podem pensar que conseguiram sozinhos tudo o que conseguiram. Mas saibam que, antes de chegarem à igreja hoje de manhã, vocês dependeram de mais da metade do mundo. Vocês acordam de manhã e vão ao banheiro, e pegam um sabonete, que veio de um francês. Vocês pegam uma esponja, que veio de um turco. Vocês pegam uma toalha, que veio das mãos de um ilhéu do Pacífico. Depois vocês vão até a cozinha para tomar o café da manhã. Vocês tomam na sua xícara um café que veio de um sul-americano. Ou talvez prefiram tomar um pouco de chá de manhã, só para descobrir que veio de um chinês. Ou talvez tomem um chocolate, que veio de alguém da África Ocidental. Aí vocês pegam um pedaço de pão, que veio das mãos de um fazendeiro que fala inglês, isso sem mencionar o padeiro. Antes de acabar o café da manhã, vocês dependeram de mais da metade do mundo. Foi assim que Deus estruturou as coisas; foi assim que Deus estruturou este mundo. Por isso, vamos nos preocupar com os outros, pois nós dependemos dos outros.

Mas também não paremos por aqui. Muitas pessoas controlam o comprimento da vida, e controlam a largura da vida, mas param por aí. Porém, para que a vida seja completa, devemos ir além do nosso próprio interesse. Devemos ir além da humanidade e nos elevar até o caminho do Deus do universo, cujo propósito não muda.

Muita gente ignorou essa terceira dimensão. E vocês sabem que o interessante é que muita gente fez isso sem nem se dar conta. As pessoas simplesmente se envolvem em outras coisas. E vocês sabem, existem dois tipos de ateísmo. Ateísmo é a teoria de que Deus não existe. Um dos tipos é teórico, quando alguém começa a pensar sobre isso e chega à conclusão de que Deus não existe. O outro tipo é um ateísmo prático, e esse tipo passa pela vida como se não existisse Deus. E vocês sabem que muitas pessoas afirmam a existência de Deus com os lábios, mas negam a existência dele com sua vida. Vocês conhecem essas pessoas, elas têm uma alta pressão sanguínea de credos e uma anemia de atitudes. Elas negam a existência de Deus com sua vida e simplesmente se envolvem em outras coisas. Elas ficam muito envolvidas em ter uma conta bancária graúda. Ficam muito envolvidas em comprar uma casa bonita, que todos nós deveríamos ter. Ficam tão envolvidas em comprar um carro bonito que inconscientemente se esquecem de Deus. Há os que se envolvem tanto em admirar as luzes da cidade produzidas pelo homem que inconscientemente se esquecem de erguer a cabeça e olhar para aquela grande luz cósmica e pensar sobre ela — pensar que nasce a leste no horizonte todas as manhãs, passa pelo céu com uma espécie de movimento sinfônico e pinta sua cor em tecnicolor no azul —, uma luz que o homem nunca poderá criar. Eles se envolvem tanto em admirar os arranha-céus do Loop de Chicago ou do Empire State Building de Nova York que inconscientemente se esquecem de pensar nas montanhas gigantescas que beijam os céus como que banhando seus picos no azul imponente — algo que o homem nunca poderia fazer. Eles ficam tão ocupados pensando no radar e na televisão que inconscientemente se esquecem de pensar nas estrelas que enfeitam o céu como cintilantes lanternas da eternidade, aquelas estrelas que parecem ser brilhantes alfinetes prateados espetados numa magnificente almofada azul. Eles se envolvem tanto no pensamento sobre o progresso do homem que se esquecem de pensar na necessidade do poder de Deus na história. Acabam passando dias e dias sem saber que Deus não está com eles.

Eu estou aqui hoje para dizer que precisamos de Deus. O homem moderno pode saber muita coisa, mas esse conhecimento não elimina Deus. E digo nesta manhã que Deus está aqui para ficar. Alguns teólogos estão tentando dizer que Deus está morto. E tenho perguntado a eles sobre isso, pois me perturba saber que Deus morreu e eu não tive a oportunidade de ir ao funeral. Eles ainda não conseguiram me informar a data da sua morte. Ainda não conseguiram me dizer quem foi o legista que o declarou morto. Ainda não conseguiram me dizer onde ele está enterrado.

Vejam bem, quando penso em Deus, sei o nome dele. Ele disse a Moisés em algum lugar no Velho Testamento: "Assim dirás aos filhos de Israel: Eu Sou me enviou a vós".[52] Disse isso só para deixar claro, para eles saberem que "meu último nome é o mesmo que meu primeiro, Eu Sou o que Eu Sou. Deixe isso claro. Eu Sou". E Deus é o único ser no universo que pode dizer "Eu Sou" e pôr um ponto final depois. Cada um de nós aqui precisa dizer: "Eu sou por causa dos meus pais; eu sou por causa de certas condições ambientais; eu sou por causa de certas circunstâncias hereditárias; eu sou

---

52 Êxodo 3:14. (N. E.)

por causa de Deus". Mas Deus é o único ser que pode dizer apenas "Eu Sou" e parar por aí. "Eu Sou o que Eu Sou." E ele está aqui para ficar. Que ninguém nos faça acreditar que não precisamos de Deus.

Ao chegar à minha conclusão nesta manhã, quero dizer que devemos procurá-lo. Fomos feitos para Deus, e nos sentiremos inquietos até encontrar descanso nele. E eu digo a vocês nesta manhã que essa é a fé pessoal que me mantém seguindo adiante. Não estou preocupado com o futuro. Sabem que não estou preocupado nem com a questão racial? Outro dia eu estava no Alabama e comecei a pensar no estado do Alabama, onde trabalhamos tanto e talvez continuemos a eleger os Wallace. E no meu estado natal, a Geórgia, temos outro governador doente, chamado Lester Maddox. Todas essas coisas podem deixar vocês confusos, mas elas não me preocupam. Porque o Deus que venero é um Deus que tem uma maneira de dizer aos reis e até aos governadores: "Aquietai-vos e sabei que eu sou Deus".[53] E Deus ainda não entregou esse universo a Lester Maddox nem a Lurleen Wallace. Eu li em algum lugar: "Do Senhor é a Terra e sua plenitude",[54] e sigo em frente porque tenho fé Nele. Não sei o que o futuro reserva, mas sei quem detém o futuro. E se Ele nos guiar e segurar nossa mão, nós seguiremos em frente.

Lembro-me de uma experiência em Montgomery, no Alabama, que gostaria de compartilhar com vocês. Quando estávamos em pleno boicote aos ônibus, havia uma maravilhosa senhora que chamávamos carinhosamente de Irmã Pollard. Era uma senhora maravilhosa, de uns 72 anos e ainda trabalhando nessa idade. Durante o boicote, ela ia a pé todos os dias para o trabalho. Um dia alguém a parou e perguntou: "A senhora não quer uma carona?". E ela respondeu: "Não". O motorista seguiu em frente, mas parou, pensou, deu marcha à ré e disse: "Mas a senhora não está cansa-

---

53 Salmos 46:10. (N. E.)

54 Salmos 24:1. (N. E.)

da?". Ela respondeu: "Sim, meus pés tá cansado, mas minha alma tá descansada".

Era uma senhora maravilhosa. E me lembro de uma semana que foi muito difícil para mim. Na véspera, eu tinha recebido ligações ameaçadoras ao longo do dia e da noite, e estava começando a falsear, me sentindo fraco por dentro e perdendo minha coragem. E nunca vou esquecer que fui à assembleia naquela segunda-feira muito desanimado e com um pouco de medo, me perguntando se iríamos ganhar a luta. Levantei-me para dar a palavra naquela noite, mas o que se ouviu não tinha força nem poder. A Irmã Pollard veio falar comigo depois da assembleia e disse: "Filho, você está com algum problema? Você não falou com sua força habitual esta noite".

E eu respondi: "Não há problema nenhum, Irmã Pollard. Está tudo bem".

Ela disse: "Você não me engana. Você tá com algum problema". Depois continuou com as seguintes palavras: "Os brancos tão te fazendo alguma coisa que você não gosta?".

Falei: "Vai dar tudo certo, Irmã Pollard".

Então ela finalmente disse: "Chega mais perto e deixa eu dizer uma coisa mais uma vez, e dessa vez quero que me ouça: eu já disse que nós tá com você". E concluiu dizendo: "O Senhor vai cuidar de você".

Já vi muitas coisas desde aquele dia. Passei por muitas experiências desde aquela noite em Montgomery, no Alabama. De lá pra cá, a Irmã Pollard morreu. De lá pra cá, passei mais de dezoito meses em celas de prisão. De lá pra cá, quase morri pelas mãos de uma negra demente. De lá pra cá, vi minha casa ser atacada a bomba por três vezes. De lá pra cá, tive de viver todos os dias sob ameaças de morte. De lá pra cá, passei muitas noites frustrado e desorientado. Mas continuo ouvindo as palavras da Irmã Pollard repetidas vezes: "Deus vai cuidar de você". Por isso hoje posso encarar qualquer homem ou qualquer mulher com meus pés firmes no chão e de cabeça erguida, porque sei que, quando estivermos do lado certo, Deus lutará em nossa batalha.

> Por mais escura que seja a noite,
> Por mais dura que seja a batalha.
> Defenda o que estiver certo.

Parece que posso ouvir uma voz falando até mesmo nesta manhã, dizendo a todos nós: "Defendam o que é certo. Defendam o que é justo. Saibam que eu estou convosco sempre, até o fim do mundo".[55] Sim, eu vi o relâmpago cintilar, ouvi o ribombar do trovão. Senti as ondas do desalento tentando conquistar minha alma. Mas ouvi a voz de Jesus dizendo para continuar lutando. Ele prometeu nunca me abandonar, nunca me deixar sozinho. Não, nunca sozinho. Não, nunca sozinho. Ele prometeu nunca me abandonar, nunca me deixar sozinho. E continuo acreditando nisso. Continuo tentando aumentar a largura da vida.

Pode não ser possível definir Deus em termos filosóficos. Ao longo das eras, os homens tentaram falar sobre ele. Platão disse que Deus era o Bom Arquiteto. Aristóteles o denominou Motor Imóvel. Hegel o denominou Todo Absoluto. E houve um homem chamado Paul Tillich que o denominou Ser-em-Si. Nós não precisamos conhecer todos esses termos pomposos. Talvez tenhamos que conhecer e descobrir Deus de outra forma. Um dia vocês poderão se levantar e dizer: "Conheço Deus porque ele é um lírio do vale. Ele é uma estrela brilhante da manhã. É uma rosa. É um machado de guerra dos tempos da Babilônia". E então, em algum ponto vocês deveriam simplesmente dizer: "Ele é meu tudo. Ele é minha mãe e meu pai. Ele é minha irmã e meu irmão. Ele é um amigo para os que não têm amigos". Esse é o Deus do universo. E se vocês acredi-

---

55 Mateus 28:20. (N. E.)

tam nele e o veneram, algo vai acontecer na sua vida. Vocês vão sorrir quando outros ao redor estão chorando. Esse é o poder de Deus.

Saiam por aí esta manhã. Amem a si mesmos, e isso significa um interesse próprio saudável e racional. Vocês foram ordenados a fazer isso. Esse é o comprimento da vida. Depois sigam este preceito: amem o próximo como amam a si mesmos. Vocês foram ordenados a fazer isso. Essa é a largura da vida. E agora vou voltar ao meu lugar dizendo que existe um mandamento anterior e ainda maior: "Tu amarás o Senhor teu Deus de todo o teu coração, e de toda a tua alma, e de toda a tua mente". Acho que os psicólogos diriam, simplesmente, com toda a vossa personalidade. E quando fizerem isso, vocês saberão a largura da vida.

E quando tiverem todas essas três coisas juntas, poderão caminhar sem jamais se cansarem. Poderão olhar para cima e ver as estrelas da manhã cantando juntas, e os filhos de Deus gritando de alegria. Quando tiverem todas essas coisas funcionando juntas na vida, o discernimento verterá como as águas, e a integridade, como uma poderosa torrente.

Quando tiverem todas essas três coisas juntas, o cordeiro se deitará com o leão.

Quando tiverem todas essas três coisas juntas, verão que todos os vales serão elevados, e que todas as colinas e montanhas serão rebaixadas; os lugares acidentados serão aplanados, e os lugares tortuosos serão retificados; e a glória do Senhor será revelada, e todos os homens a verão juntos.

Quando tiverem todas essas três coisas funcionando juntas, farão pelos outros o que gostariam que eles fizessem por vocês.

Quando tiverem todas essas três coisas juntas, reconhecerão que de um só sangue Deus fez todos os homens para viverem sobre a face da Terra..."[56]

---

56 Gravação interrompida.

FONTES

UM
UMA MENTE RIGOROSA E UM CORAÇÃO SENSÍVEL
João 18:11

DOIS
UM NÃO CONFORMISTA TRANSFORMADO
Filipenses 3:20

Lucas 12:15

Mateus 5:28

Mateus 5:10

Mateus 21:31

Mateus 25:40

Mateus 5:44

Hipérion, livro IV, cap. 7

Writings, v. X, p. 173

"Stanzas on Freedom" (excerto)

Romanos 12:2

Daniel 3:17-18

"The Declaration of Independence" (excerto)

Mateus 26:52

William Hamilton Nelson, Tinker and Thinker: John Bunyan (1928)

QUATRO
AMOR EM AÇÃO
Mateus 18:21

Êxodo 21:23-24

Soneto XCIV (excerto)

Romanos 10:2
João 3:19

CINCO
AMAR SEUS INIMIGOS
Metamorfoses, livro VII (Video meliora, proboque; deteriora sequor.)
Romanos 7:19
Hino de Isaac Watts (excerto)
Excerto de "No East or West," Selected Poems of John Oxenham, ed. Charles L. Wallis. Republicado com permissão de Harper & Row, Publishers.

SEIS
UMA BATIDA NA PORTA À MEIA-NOITE
Essays on Freedom and Power (1948)
Citado em Deep River, de Howard Thurman (1955)
Ibid.
Salmos 30:5

SETE
O HOMEM QUE ERA UM TOLO
Mateus 6:8
Mateus 6:33
Salmos 46:1
Abraham Mitrie Rihbany, Wise Men from the East and from the West (1922), p. 137
Lucas 12:15
Lucas 12:33

OITO
A MORTE DO MAL NA PRAIA
"The Battle-Field" (excerto)
Hebreus 12:11

Hamlet, ato V, cena II.
"The Present Crisis" (excerto)
In Memoriam (excerto)
Discurso em Mansion House, 10 de novembro de 1942
Carta a John Holmes, 22 de abril de 1820
Mensagem Anual ao Congresso, 1º de dezembro de 1820
Douglass' Monthly, 1º de janeiro de 1863, p. 1
Lucas 17:21
Literature and Dogma (1883)
Salmos 139:7-12

NOVE
SONHOS DESPEDAÇADOS
Hebreus 11:9
Rubáiyát of Omar Khayyám, estrofe XVI
Ibid., estrofe LXIX
Ibid., estrofe LXXI
Jeremias 10:19
2 Coríntios 11:26
Filipenses 4:11
Filipenses 4:7

DEZ
NOSSO DEUS É CAPAZ
"Hymn of Man" (excerto)
"The Present Crisis" (excerto)
"Life" (excerto)
João 14:27

ONZE
ANTÍDOTOS PARA O MEDO
"Hamlet", ato III, cena I

De "Courage", em *Society and Solitude* (1870)
Discourses
Provérbios 3:19
Salmos 8:5
Mateus 10:26, 28-31

DOZE
A RESPOSTA A UMA PERGUNTA DESCONCERTANTE
Êxodo 14:15
Ezequiel 2:1
2 Coríntios 5:17 (RSV)
Apocalipse 3:20

TREZE
CARTA DE PAULO AOS CRISTÃOS AMERICANOS
Romanos 12:2
Gálatas 3:28
Atos 17:24, 26
Romanos 8:38-39
Mateus 5:11-12

**Acreditamos
nos livros**

Este livro foi composto em Athelas e
impresso pela Gráfica Santa Marta para a
Editora Planeta do Brasil em agosto de 2022.